CRIPTOMONEDAS

La guía definitiva para el comercio en criptomonedas

(Haga una gran cantidad de dinero con criptomonedas)

Jair Luna

Publicado Por Daniel Heath

Criptomoneda: La guía definitiva para el comercio en criptomonedas (Haga una gran cantidad de dinero con criptomonedas)

ISBN 978-1-989853-38-2

Este documento está orientado a proporcionar información exacta y confiable con respecto al tema y asunto que trata. La publicación se vende con la idea de que el editor no esté obligado a prestar contabilidad, permitida oficialmente, u otros servicios cualificados. Si se necesita asesoramiento, legal o profesional, debería solicitar a una persona con experiencia en la profesión.

Desde una Declaración de Principios aceptada y aprobada tanto por un comité de la American Bar Association (el Colegio de Abogados de Estados Unidos) como por un comité de editores y asociaciones.

TABLA DE CONTENIDO

Parte 1

Introducción

Al momento de escribir este artículo, no es ningún secreto que Bitcoin ha hecho millonarios, incluso multimillonarios, de personas que llegaron temprano. En diciembre de 2017, su precio de mercado se disparó en al menos un 400% en solo 2 o 3 semanas, dejando a muchas personas ricas y felices o lamentándose por no haber tomado el riesgo antes.

Pero si también usted ha visto o leído las noticias últimamente, habría sabido que el precio de Bitcoin se desplomó desde su punto más alto hasta el disgusto de muchos de los que se montaron en la ola de Bitcoin un poco demasiado tarde desde diciembre hasta principios de enero. Bueno, esa es la naturaleza de las inversiones de alto riesgo: pueden ofrecerle rendimientos muy altos o causarle grandes pérdidas. Siempre ha sidoasí, inclusocon otras formas convencionales de inversión como divisas, acciones y negocios. Se trata de conocer su tolerancia al riesgo y hacer su tarea para que pueda aprovechar los rendimientos potencialmente enormes al tiempo que minimiza sus riesgos financieros. Entonces, independientemente de si se encuentra en un nivel alto o bajo, una nueva generación de inversiones a la que pertenece Bitcoin está aquí para quedarse. Y esa nueva raza son las criptomonedas.

Escribí este libro para que tenga una idea muy clara de lo que son las criptomonedas, cómo funcionan y las diferentes criptomonedas en el mercado (al menos las mejores) y cómo invertir en ellas. Cuando haya terminado de leer este libro, estará en una muy buena posición para tomar decisiones bien informadas con respecto a las criptomonedas, es decir, si invertir o no en ellas, cual criptomoneda invertir si decide invertir en ellas. , y cómo se debe proceder a invertir en criptomonedas.

Así que tome una buena taza de café o cualquier bebida favorita para leer, siéntese, relájese, pase la página y comencemos.

Capítulo 1 - Criptomoneda: ¿Qué es?

Al igual que con cualquier tema de aprendizaje nuevo, complicado o no, es mejor comenzar con lo básico antes de hablar sobre las cosas más atractivas. Así que comencemos con una definición básica y funcional de qué es una criptomoneda.

El término se compone de 2 palabras: cripto y moneda. El término cripto se refiere a una práctica llamada criptografía, que ayuda a garantizar que las transacciones digitales o en línea no solo sean legítimas, sino que también sean impermeables a los intentos de estafadores y piratas informáticos. Básicamente, la criptografía es un proceso de envío y recepción de mensajes donde los mensajes se codifican o cifran mediante códigos secretos que solo pueden ser decodificados o descifrados para que los destinatarios lospuedan interpretar correctamente. Con la criptografía, solo las partes involucradas en la actividad de comunicaciones pueden comprender los mensajes enviados y recibidos.

La segunda palabra, moneda, es obviamente una referencia a moneda de curso legal o una unidad de cambio o transacción, es decir, dinero. La criptomoneda no es una moneda física regular, sino que es digital y utiliza la criptografía para garantizar transacciones legítimas y prevenir el fraude. Por lo tanto, todas las transacciones que involucran criptomonedas emplean la criptografía como su método de facilitación.

En el siguiente capítulo, veremos qué hace que las criptomonedas sean únicas.

Capítulo 2 - ¿Qué hace que las criptomonedas sean únicas?

Anteriormente aprendimos que las criptomonedas emplean la criptología para facilitar y validar las transacciones. Las personas que crearon las criptomonedas que están en el mercado hoy en día utilizaron procesos matemáticos y de ingeniería muy avanzados para crear las reglas o protocolos que rigen las transacciones y la creación de nuevas unidades de sus criptomonedas. La complejidad de los protocolos hace que sea muy poco probable que infrinja y piratee la base de datos de las criptomonedas. Pero como verá más adelante, es algo totalmente diferente con los intercambios de criptomonedas, que son administrados y gestionados por otras personas que no están conectadas con criptomonedas específicas.

Ahora echemos un vistazo a las características generales de las criptomonedas que las hacen únicas de las monedas tradicionales que estamos usando ahora.

Descentralizado

Por naturaleza, las criptomonedas se consideran descentralizadas. Qué significa eso? Significa que el control y la gestión de su oferta y demanda no están en manos de una sola institución o autoridad gubernamental. Tomemos por ejemplo el dólar estadounidense o la libra esterlina. Para el dólar estadounidense, la Reserva Federal de los Estados Unidos es la única autoridad responsable de administrar y controlar su oferta y demanda, mientras que para la libra esterlina, es el Banco de Inglaterra. Estáncentralizados. Con lascriptomonedas, no hay Reserva Federal o Banco de Inglaterra. ¿Pero puede preguntar quién controla o controla su suministro? La respuesta es sus usuarios, junto con los programas o protocolos que están integrados en cada tipo de criptomoneda.

Las nuevas unidades de monedas regulares son acuñadas por las autoridades monetarias del gobierno.

Cuando se trata de criptomonedas, las nuevas unidades son acuñadas por un grupo de personas llamadas "mineros". Y sí, son adultos. Bromas aparte, los mineros son un grupo de personas con redes de computadoras muy poderosas que validan y registran transacciones de criptomonedas, cuyo resultado son nuevas unidades de una criptomoneda en particular. Nos ocuparemos de la minería con más detalle en el Capítulo 5 sobre Minería en Criptomonedas.

Independiente

Relacionado con su descentralización está su independencia. Esta característica particular es una espada de doble filo. ¿Por qué? Es porque, si bien puede ser usado para propósitos nobles, su autonomía lo convierte en un lugar ideal para que los elementos criminales laven su dinero. Considera esto.

Debido a su seguridad e independencia prácticamente irrompibles de la política, las criptomonedas son autónomas, fuera del alcance de cualquier autoridad reguladora gubernamental. Entonces,

¿cómo puede ser particularmente útil para sus usuarios?

Los activos regulares, como los bienes inmuebles y los valores financieros, pueden ser embargados, congelados o incluso confiscados por el gobierno porque están dentro de la jurisdicción del gobierno. Los activos de la criptomoneda no pueden ser ejecutados, congelados o confiscados por el gobierno porque es autónomo y está fuera de la jurisdicción de las autoridades. Y eso lo convierte en una salida ideal para el lavado de dinero para elementos criminales.

Convertible

Las criptomonedas también se pueden convertir en otras criptomonedas o incluso en monedas fiduciarias (regulares) como el dólar, la libra o el yen. La conversión se realiza en mercados en línea o plataformas de criptomoneda, donde una criptomoneda específica tiene su propio tipo de cambio en relación con otras monedas mundiales importantes. Pero estos intercambios o plataformas de criptomonedas no son tan seguros contra la piratería y, como tal, deberá poner en línea sus criptomonedas o monedas regulares cuando esté a punto de realizar transacciones. Hablaremos más sobre los intercambios de criptomonedas en el Capítulo 3 sobre cómo funcionan las criptomonedas.

Limitado

La mayoría de las criptomonedas que encontrará en el mercado hoy, si no todas, tienen límites de suministro predeterminados. Eso significa que una vez que el número predeterminado de unidades ya hayan sido acuñadas, no se crearán más debido a que las criptomonedas son monedas digitales, éstas tienen lo que se llaman "códigos fuente", que es similar a cualquier programa de computadora. Estos códigos fuente incorporan instrucciones específicas en una criptomoneda específica para que no se exceda el número exacto de unidades para esa criptomoneda. Entonces, una vez alcanzado este límite o límite máximo, los mineros de criptomoneda ya no pueden tener ningún incentivo para procesar o validar transacciones.

El hecho de que la oferta de la mayoría de las criptomonedas, si no todas, es limitada, las hace deflacionarias. La deflación es un término que es lo opuesto a la inflación, que se refiere al aumento de los precios de los bienes y servicios. Las monedas fiduciarias o regulares, por otro lado, tienen un potencial de suministro prácticamente ilimitado y lo único que impide que las autoridades monetarias impriman indiscriminadamente más y más de sus monedas locales es la inflación.

No es perfecto

Sí, las características únicas enumeradas en este capítulo pueden dar la impresión de que las criptomonedas son el vehículo de inversión perfecto. La verdad es que no lo son. Tiene su parte de posibles contratiempos y limitaciones que también deberá tener en cuenta al invertir en ellos.

Uno de ellos es la liquidez o para ser más precisos, la falta de ella. En términos sencillos, la liquidez se refiere a la capacidad de convertir un activo financiero no efectivo rápidamente en efectivo. Debido a que las criptomonedas siguen siendo "los artistasindependientes" de los mercados financieros, todavía no son aceptadas como un modo de pago convencional, lo que limita su potencial para comprar cosas. Antes de poder gastarlos en artículos del mundo real, primero tendrá que convertirlo en moneda fiduciaria o moneda corriente.

Así es como se ve la falta de liquidez en términos prácticos. Digamos que necesita pagar las tasas de matrícula de sus hijos hoy, pero prácticamente todo su dinero está en un tipo particular de criptomoneda. Debido a que aún no es un modo de pago aceptado, las posibilidades de que la escuela de sus hijos solo acepte efectivo, cheques o tarjetas de crédito son altas. Y debido a eso, su criptomoneda no cuenta como pago. Por lo tanto, deberá convertirlo a una moneda mundial importante, como el dólar estadounidense en el intercambio de monedas cifradas en que lo compró, y transferirlo a su cuenta bancaria local antes de poder retirarlo y pagar las tasas de matrícula de sus hijos. Es posible que pasen un par de días antes de que reciba la moneda fiduciaria, lo que conlleva el riesgo de que no pueda pagar la matrícula de sus hijos a tiempo.

Otro inconveniente potencial de las criptomonedas, que también puede ser su mayor aliado, es la volatilidad. Debido a que las criptomonedas son nuevos instrumentos financieros que no están regulados, los rendimientos potenciales basados en la apreciación del capital pueden ser bastante altos, pero también pueden colapsar en uno o dos días. Y además de ser nuevos, no están regulados, lo que los hace generalmente más riesgosos. Si usted es un inversor muy reacio al riesgo, es mejor evitar este tipo de inversión. Pero si tiene una alta tolerancia al riesgo financiero, entonces es algo que definitivamente debería pensar y considerar.

Finalmente, las criptomonedas también son vistas por muchos como una avenida "inmoral" o sombría para las inversiones financieras. ¿Por qué? Es porque ser un activo financiero independiente o autónomo; Es una avenida ideal para el lavado de dinero que proviene de fuentes no tan limpias. Pero, por supuesto, usted no es un lavador de dinero y no necesita demostrar su inocencia, ¿verdad? ¡Verdad!

Capítulo 3 –Funcionamiento de las Criptomonedas

Como se mencionó anteriormente, los principios de ingeniería matemática e informática sobre los que operan las criptomonedas pueden ser muy, muy complejos y técnicos. Eso significa que puede ser bastante difícil entender cómo funcionan realmente las criptomonedas. Pero eso no significa que la gente común como tú y yo no podremos entenderlo bien. El hecho de que esté escribiendo este libro significa que es totalmente comprensible y "posible". Y para que usted pueda hacer lo mismo, es decir, entender y comprender cómo funciona, una discusión sobre unos cuantos conceptos estánen este orden.

Cadena de bloques(El blockchain)

¿Recuerda cómo dije que las criptomonedas están descentralizadas porque todos sus usuarios pueden monitorear todas las transacciones para una criptomoneda en particular? En efecto, todas y cada una de las personas que han utilizado o invertido en una criptomoneda en particular se consideran los tenedores de libros de esa criptomoneda. ¿Cómo es eso posible?

A cada usuario se le entrega una copia actualizada del libro mayor maestro de una criptomoneda, que se conoce como la cadena de bloques. La cadena de bloques o blockchain es esencialmente un libro de contabilidad digital o libros de cuentas de todas las transacciones para una criptomoneda específica, que se distribuye a todos los usuarios de esa criptomoneda. Cuando se actualiza la cadena de bloques con nuevas transacciones, también se actualizan todas las copias distribuidas. Es como la contabilidad de multitudes.

Si bien todos los usuarios de una criptomoneda específica tienen una copia de su cadena de bloques y pueden monitorear todas las transacciones que la involucran, no todos tienen que validar todas las transacciones. Si ese fuera el caso, entonces llevaría meses o incluso años solo para validar una transacción, ¿en qué caso se puede imaginar el retraso?

Como se mencionó anteriormente, si estaba prestando atención, el trabajo de validación de las transacciones cae en manos de los mineros, quienes nuevamente son adultos, -juego de palabras. Y solo después de validar las transacciones, se pueden agregar a la cadena de bloques como registros o entradas oficiales.

Una cosa que hace que una cadena de bloques sea diferente de un libro contable es que las transacciones no se pueden revertir o corregir una vez que se validan y se agregan a la cadena de bloques. Como cada movimiento en un juego profesional de ajedrez, cada transacción ingresada en la cadena de bloques es un "movimiento táctil". Está listo, ¡es para siempre! Ahora, ¿quién dice que no hay para siempre, eh?

Y, por último, las unidades de criptomoneda que involucran transacciones que actualmente están siendo validadas ya están en espera en la cadena de bloques, lo queimpide que las partes involucradas, especialmente los vendedores, accedan a ellas. Esto garantiza que no se produzcan entradas dobles, ventas dobles ni gastos dobles.

Claves de criptomoneda

Al registrarse para una cuenta con una plataforma de criptomoneda, recibirá su clave única, es decir, una clave privada, que le permitirá realizar transacciones en una criptomoneda en particular. Puede crear su propia clave privada compuesta de 1 a 78 números o pedirle a un generador de números aleatorios que la invente. Sin embargo, lo desaliento mucho de usar un generador aleatorio porque hacerlo puede aumentar significativamente los riesgos de que olvide su clave privada o que la roben. Una vez que reciba su clave privada, ya puede comenzar a realizar transacciones en esa criptomoneda específica.

Una cosa que deberá tener en cuenta cuando se trata de las claves privadas de su criptomoneda es que siga siendo así: ¡privado! A diferencia de las otras contraseñas de su cuenta en línea que puede recuperar o reemplazar si las olvida, sus claves privadas son un acuerdo de una sola vez, es decir, no hay forma de recuperarlo o cambiarlo. ¡Su clave privada es su clave privada de por vida! Así que debes protegerlo con tu vida o con tus amigos si tienes miedo de morir.

Pero aparte de eso, espero que entiendas la seriedad de tener que proteger tus claves privadas una vez que las generas y recibes. Dicho esto, puede asegurarse de no perder nunca sus claves privadas escribiéndolas en dos hojas de papel y guardando esas listas en lugares muy seguros, como una caja fuerte a prueba de incendios y una caja de seguridad. De esa manera, aún puede recuperar sus claves privadas incluso si las olvida mientras mantiene bajos los riesgos de que su lista de documentos sea robada o destruida.

Capítulo 4 - La cadena de bloques

Como se mencionó anteriormente, La cadena de bloques es un libro de cuentas maestro digital de una determinada criptomoneda donde se registran todas las transacciones de esa criptomoneda. Además, también hablamos de que se actualiza para incluir todas las transacciones recientes y cómo se distribuye a todos sus usuarios. Pero, ¿cómo funciona realmente? En este capítulo, hablaremos de ello con más detalle

El Bloque

La cadena de bloques se compone de 2 palabras: bloque y cadena. Así que la forma más sencilla de definir técnicamente el término es esta: es una serie de bloques que están encadenados o enlazados entre sí. Esto plantea la pregunta: ¿cuáles son esos "bloques"?

Los bloques se refieren a las transacciones para una criptomoneda en particular. Para ser más específicos con nuestra definición técnica anterior, una cadena de bloques es una colección de todas las transacciones para una criptomoneda en particular. Es una cadena formada por muchos "bloques" de transacciones.

Para ser más técnicos al respecto, La cadena de bloques se puede definir como un libro digital de transacciones económicas que es incorruptible y se puede usar no solo para transacciones financieras sino también para todo lo que tenga valor, según Alex y Don Tapscott, que escribieron el libro definitivo de La cadena de bloques titulado Blockchain Revolución. Otra definición de La cadena de bloques, según Steve Wilson de ZDNet fame es esta: es una estructura de datos distribuida y un algoritmo que se utiliza para administrar el dinero electrónico sin la necesidad de un administrador o gerente central entre usuarios o personas que ni siquiera se conocen, además Steve Wilson dice que la cadena de bloqueses una forma especial de lo que se denomina Tecnologías de Libro Mayor Distribuido. ¿Y no es eso lo que realmente es la cadena de bloques: un libro maestro digital de todas las transacciones distribuidas entre los miembros de una criptomoneda en particular?

Y lo que hace que la cadena de bloques sea aún más interesante ahora que ha llegado la nueva ola de pagos electrónicos e inversiones, es que la arquitectura en la que se fundó la criptomoneda Bitcoin fue rechazada inicialmente por las instituciones financieras más grandes. Parece que el blockchain, gracias al éxito masivo de Bitcoin y otras monedas alternativas (criptomonedas alternativas), ha regresado para morder a aquellos que lo han rechazado. Hablar de venganza y vindicación.

Ciberseguridad y cadena de bloques

Si bien la cadena de bloques es una tecnología segura, no es perfecta. Al igual que las bases de datos de las instituciones más grandes del mundo, puede ser hackeado. Caso en cuestión: la piratería de una importante plataforma de criptomoneda Bitfinex en agosto de 2016, donde se piratearon y robaron más de $ 730 millones de Bitcoins (¿ahora sabe por qué recomiendo usar una billetera de almacenamiento en frío?). Si bien aún no está claro cómo se pirateó la plataforma, lo cierto es que las cuentas de firmas múltiples de Bitfinex se volvieron vulnerables en algún momento.

Pero a pesar de las relativamente pocas brechas de seguridad con los principales intercambios de criptomonedas, la tecnología cadena de bloques continúa siendo una tecnología de administración de datos generalmente segura y está siendo utilizada por un número cada vez mayor de instituciones para mejorar sus propios esfuerzos de administración de bases de datos. ¿Cómo?

Según Chris Wiltz, de Design News, dijo que la solución para los equipos que desean garantizar la seguridad de sus redes y bases de datos no es acumular más y más capas de autenticación. La solución está en distribuir la autenticación. Y eso es lo que la cadena de bloques es, es decir, un libro mayor maestro encriptado de transacciones que se distribuyen entre todos los usuarios de una criptomoneda en particular. Al distribuir los registros maestroso el libro mayor, se crea una red de autenticación que se puede verificar y no se puede hackear (piratear) fácilmente.

Una vez que se implementa una cadena de bloques, un dispositivo no puede acceder a la red hasta que se haya verificado en toda la cadena de bloques o el libro mayor. Los piratas informáticos tendrán un tiempo muy difícil, si no imposible, para piratear una red porque para hacerlo, necesitarían modificar toda la cadena de bloques y no solo las credenciales de un solo dispositivo.

Para ser más específicos, la tecnología blockchain (cadena de bloques) tiene 3 ventajas clave de ciberseguridad, como explica Jill Richmond de NASDAQ: la capacidad de bloquear el robo de identidad, la capacidad de evitar la manipulación de datos y la capacidad de detener los ataques DDoS (denegación de servicio distribuida) . Según ella, la tecnología blockchain proporciona un enfoque holístico de la seguridad cibernética, que incluye la seguridad de las identidades de los usuarios, la seguridad de la infraestructura de comunicaciones y transacciones, la seguridad de la empresa como empresa a través de auditoría y transparencia, y la seguridad frente a fallas de servidores, nodos comprometidos. , y miembros maliciosos de una institución.

Capítulo 5 - Minería de Criptomoneda

Cuando la gente habla de minería en el contexto de las criptomonedas, se refiere a un método utilizado para validar transacciones que ya se han realizado en una red de blockchain específica. A través del cifrado de datos, la cadena de bloques no solo funciona para proteger los datos pertenecientes a transacciones de una criptomoneda específica, sino que también distribuye los datos a todos los usuarios de esa criptomoneda. Al hacer esto, la tecnologíacadena de bloques (blockchain) garantiza que las unidades de criptomoneda nunca se gasten más de una vez (evita el gasto múltiple de las mismas unidades o tokens) y también evita que una sola persona o grupo controle la red. En esencia, la minería de la criptomoneda consiste en garantizar que las transacciones de la criptomoneda sean verdaderas y precisas, y que nunca se vean comprometidas.

El proceso de minería

Este proceso utiliza un modelo específico para validar transacciones conocidas como "prueba de trabajo" o PoW (sus siglas en ingles). Bajo este modelo, los mineros (personas, grupos de personas o empresas establecidas) usan sus computadoras o una red de computadoras de alta potencia para resolver algoritmos complejos y ecuaciones matemáticas antes que sus competidores. La resolución de algoritmos y ecuaciones es parte del mecanismo de cifrado, en particular la parte de descifrado. Una vez que un minero o un grupo de mineros resuelven un lote o grupo de algoritmos o ecuaciones asociadas con transacciones de criptomoneda, esas transacciones se validan y se ingresan en la cadena de bloques. Y por su trabajo, son recompensados con unidades recién acuñadas de una criptomoneda en particular. Esto a menudo se conoce como una "recompensa de bloque".

Para tener una idea de qué tan lucrativo puede ser esto, considere que la recompensa promedio de bloque para Bitcoin es actualmente 12.5 tokens o unidades. Con el precio de Bitcoin rondando los $ 10,000 por unidad al momento de escribir este artículo, ¡los mineros que pueden resolver exitosamente las ecuaciones de un bloque de transacciones de Bitcoin son recompensados con hasta $ 120,000! No está mal para el trabajo duro hecho completamente por las computadoras, ¿eh?

El modelo de prueba de trabajo tiene su parte de preocupaciones. Uno de ellos es el consumo de electricidad, que es enorme. La minería delas criptomonedas requieren enormes centros informáticos equipados con buenas computadoras, con chips muy potentes que consumen una gran cantidad de electricidad. Independientemente de si la electricidad es barata o costosa en el área donde se ubican las computadoras o los centros mineros, la cantidad de electricidad consumida puede resultar un drenaje significativo para las redes eléctricas locales, especialmente para las más pequeñas.

Otra preocupación con el modelo POW (prueba de trabajo) essu vulnerabilidad, particularmente en su seguridad. Esto es más aplicable a las criptomonedas más nuevas y más pequeñas (valor unitario y de mercado)para ser más específicos, es mucho más fácil para cualquier individuo o grupo con un cofre de guerra suficientemente grande (George Soros, alguien lo conoce?) obtener el control de la mayoría de las unidades de criptomonedas más pequeñas y en el proceso tomar esa criptomoneda y su rehén cadenade bloques. Para las criptomonedas con grandes redes como Bitcoin, Litecoin y Ethereum, esto no será un problema porque se necesitaría una suma enorme (y estoy hablando de miles de millones y billones) de poseer más del 50% de estos Criptomonedas en red.

Si bien el proceso de minería para todas las criptomonedas es prácticamente el mismo en su forma de trabajar, existen diferencias en los tipos específicos de equipos utilizados. En particular, estas diferencias están en la potencia de cálculo de los chips utilizados para resolver las complejas ecuaciones matemáticas y algoritmos necesarios para validar y autenticar transacciones. Para los mineros de Bitcoin, solo los chips más potentes funcionarán debido a la complejidad de los algoritmos de Bitcoin, siendo la cadena de bloques de criptomonedas más antigua y más grande que existe. Para las criptomonedas relativamente nuevas cuyos algoritmos y ecuaciones matemáticas no han alcanzado la complejidad de Bitcoin aún, se pueden usar computadoras menos potentes

Prueba de participación PoS (siglas en ingles de Proof of Stake)

Este es el competidor más cercano del modelo de PoW de minería de criptomonedas. ¿Cómo es eso? Por un lado, no hay necesidad de usar computadoras ultra-potentes que consumen una gran cantidad de electricidad. Y si desea ingresar a la minería de criptomoneda para ganar buen dinero, ¡esto significa que no tiene que comprar computadoras muy caras y poderosas para hacerlo! ¡Qué lujo!

La forma en que funciona PoS es que los usuarios o partes interesadas de una criptomoneda particular obtengan derechos aleatorios para autenticar o validar transacciones. Esto significa que no tienes que competir con otros en una carrera loca para resolver ecuaciones y validar transacciones. Esto significa que no tienes que competir con otros en una carrera loca para resolver ecuaciones y validar transacciones. ¿Y cuáles son sus posibilidades de recibir tales derechos aleatorios? Depende de la cantidad de criptomoneda que posea. Es como unirse a un sorteo: cuantas más entradas tenga, más posibilidades tendrá de ganar. En este caso, mayores serán las posibilidades de ser elegido para validar bloques de transacciones.

Otra forma en que es diferente del modelo de PoW son las recompensas. Los mineros bajo un protocolo PoS no reciben recompensas en bloque o unidades de criptomonedas recién acuñadas. Lo que recibirán en su lugar son tarifas agregadas en las transacciones validadas o autenticadas.

En términos de ventajas sobre la plataforma PoW, una cosa está clara: ¡es mucho más barato! Como se mencionó anteriormente, no tener que competir con otros mineros y superarlos hace que las computadoras muy poderosas e ineficientes con la energía sean irrelevantes. Dicho esto, ¡también es mucho más verde!

Pero como con todas las cosas grandes y hermosas en este mundo, el modelo de PoS no es perfecto. La única crítica más grande para el modelo de PoS es el control. Dicho esto, las personas u organizaciones que tienen una gran participación o propiedad de una criptomoneda específica pueden controlar o influir en gran medida en su dirección futura. En comparación con el método o modelo de PoW donde hay una gran cantidad de descentralización, ya que incorpora las opiniones de muchas personas en una red grande, el modelo de PoW puede comprometer hasta cierto punto la naturaleza descentralizada de las redes de criptomonedas al darles a los inversores relativamente más grandes la oportunidad para controlar o influir en la forma en que irá una criptomoneda específica. Es prácticamente imposible para los chicos grandes como Bitcoin, Ethereum, Ripple, Litecoin y todas las demás criptomonedas en gran parte capitalizadas. Pero para las monedas alternativas relativamente nuevas que todavía son pequeñas en capital de mercado, este es un peligro muy real.

Capítulo 6 - Las mejores criptomonedas en el mundo

Invertir en criptomonedas no es poca cosa ¿por qué? por un lado, es una clase relativamente joven de activos financieros y como tal sus riesgos financieros son relativamente más altos en comparación con los activos financieros tradicionales como acciones, bonos y monedas, entre otros. Otra razón por la que invertir en criptomonedas no es algo que deba tomarse a la ligera es el hecho de que a diferencia de las rosas, una criptomoneda con cualquier otro nombre no necesariamente huele tan dulce. Debe saber cuáles de las más de 100 criptomonedas en el mercado tienen un menor riesgo de fracaso de inversión y cuáles son muy muy riesgosas.

Existen criptomonedas que son muy, muy seguras y establecidas y que tienen como base sus metodologías probadas de la cadena de bloque. Sin embargo, existen aquellos que simplemente fueron "creados" con la intención muy "noble" de burlarse de todo el género de inversión de las criptomonedas. Otros más fueron creados para estafar a los inversores de su dinero duramente ganado. Y por supuesto, hay los que son sinceros y puros en intenciones, pero debido a que son relativamente oscuras, no hay mucha gente que invierta en ellas y como resultado se han convertido en algo sin valor.

Una cosa que debe recordar acerca de invertir en criptomonedas es que sus precios de mercado son tan estables como la mente de los lunáticos. Como puede ver con los precios de Bitcoin es posible ganar 4 veces su inversión original en tan solo unas semanas, así como perder la mitad en el mismo período. Dicho esto, si la idea de alto riesgo financiero es algo que hace que tu estómago se revuelva y vomites, piénsalo bastante antes de continuar. Pero si te sientes cómodo con las inversiones de alto riesgo, sigue leyendo.

En este capítulo, ayudaré a que su elección

de criptomoneda sea mucho más sencilla al limitar sus posibles elecciones a unas pocas establecidas: la crema de la cripto-cosecha, por así decirlo. Los factores que se consideraron al incluir las siguientes criptomonedas en este capítulo son la reputación, la liquidez, la actividad del desarrollador y la comunidad, entre otros.

Bitcoin

Este es un pan comido, ¿eh? Pero, sin embargo, Bitcoin sigue siendo un misterio para las multitudes que ya han oído hablar de él. Así que hablemos de eso ahora.

Bitcoin es el abuelo de todas las criptomonedas. Es el pionero, el pionero, el original ... fue el primero en nacer de los hermanos en criptomoneda. Y en virtud de ser el más antiguo en el campo, también es el que tiene más logros. Y uno de ellos se está cotizando en la Bolsa Mercantil de Chicago (CME) en diciembre de 2017. En realidad, no se trata de Bitcoins que figuraban en la CME, sino de contratos de futuros u opciones donde los Bitcoins eran los activos subyacentes. Y para el Chicago Mercantile Exchange, uno de los mayores intercambios de futuros y opciones en el mundo, permitir que los contratos de futuros con Bitcoins como activos subyacentes se negocien en su plataforma es un testimonio de la confianza en los activos subyacentes en sí mismos: los Bitcoins. Si eso no es un indicador de una reputación muy sólida, no sé qué es.

El enorme aumento en los precios de mercado de Bitcoin hizo que su capitalización de mercado fuera tan grande que incluso si combinara los valores de mercado de todas las monedas alternativas en el mercado, es decir, criptomonedas alternativas, Bitcoin aún sería más grande. Y teniendo en cuenta que es la criptomoneda más aceptada en términos de método de pago, no debe haber ninguna duda acerca de que Bitcoin es el principal agente en la pluma de criptomonedas.

Ethereum

Esta moneda - alt o moneda alternativa es la segunda criptomoneda más importante del mundo. Una de las razones es la capitalización de mercado, que fue un poco menos del 50% de la capitalización de mercado de Bitcoin en septiembre de 2017. Ethereum tiene poco más de 2 años y es interesante notar que esta fue la creación de uno de los Programadores pioneros detrás de Bitcoin. Este programador estaba algo descontento con algunas características operativas de la criptomoneda pionera, así que hizo algo al respecto: creó una nueva. También se denomina "éter" y, como inversión, puede ser un muy buen activo a considerar, pero si desea utilizarlo como un método de pago alternativo, olvídelo a partir de ahora. ¿Por qué? Sólo unos pocos comerciantes aceptan Ethereum como pago.

Entonces, aparte de la capitalización de mercado, ¿por qué más debería considerar a Ether para invertir? Seguridad, particularmente su blockchain único que fue creado para ejecutar contratos inteligentes, que son un conjunto de protocolos únicos que aseguran las negociaciones y el desempeño del contrato. Habla de que es realmente inteligente, ¿eh?

Para tener una mejor apreciación de la impresionante cadena de bloques de Ethereum, en realidad se diseñó más para contratos comerciales que se aplican en línea y menos para almacenar valor y facilitar las transacciones, aunque también se puede usar bien para este último. Pero debido a que se programó más para la ejecución de contratos en línea, automáticamente anula los contratos tan pronto como una parte no cumple con sus obligaciones en el contrato.

Litecoin

En 2011, un ex empleado de Google decidió desafiar a Bitcoin. Charles Lee creó Litecoin en 2011, lo que no es sorprendentemente similar a Bitcoin, ya que este último fue la inspiración para su creación. Su similitud con Bitcoin incluye ser usado como pago por bienes y servicios y minería.

Monero

Esta criptomoneda es el verdadero líder en términos de anonimato porque otorga más importancia a la privacidad del usuario en comparación con Bitcoin mediante el uso de la firma de anillo, que es una tecnología muy efectiva para mantener la identidad del usuario segura y prácticamente imposible de rastrear. Entonces, si tu identidad es tan secreta como la de Superman, Spiderman y Batman, entonces Monero puede ser la criptomoneda para ti.

Ripple

Ripple puede ser la criptomoneda más aceptada en términos de transacciones con las principales instituciones financieras, incluso más aceptada que Bitcoin. Es un sistema de liquidación en tiempo real, un sistema de cambio de divisas y un sistema de remesas que ya se está utilizando en varias redes bancarias y de pago. Dada su penetración más profunda en los principales mercados financieros, muchos expertos creen que no pasará mucho tiempo antes de que Ripple supere a Bitcoin y que Ripple sea como el principal agente en el mercado de la criptomoneda.

Bitcoin Cash

Durante un breve periodo de tiempo en 2017, un desacuerdo entre los adoptantes de Bitcoin resultó en lo que se conoce en los mercados de criptomonedas como un "tenedor" en la cadena de bloques de Bitcoin. Esto se refiere a una horquilla (bifurcación) en términos sencillos... De ese tenedor surgió un Nueva variante de Bitcoin: un amor de niños, si se quiere, que utilizó una nueva cadena de bloques con un nuevo conjunto de reglas. Esta creación fue bautizada como Bitcoin Cash. Y desde su creación a finales de 2017, Bitcoin Cash (BCH) ya ha subido de nivel. De las 10 mejores criptomonedas en el mundo sin competir realmente con su matriz,

Bitcoin.

Cardano

Esta criptomoneda es similar a Ethereum en que es una plataforma para recibir y enviar dinero digital y que su objetivo es ejecutar aplicaciones descentralizadas en su blockchain. Una razón altamente posible de su similitud con Ethereum es el hecho de que fue creado en 2015 por Charles Hopkinson, cofundador de Ethereum. Y dado que casi toda (el 95%) su oferta inicial de monedas o ICO (equivalente a OPI para acciones) fueron de Japón, se ha calificado como el Ethereum japonés.

También tiene una de las cadenas de bloques más seguras del mundo. ¿Por qué? Está gestionado por académicos y científicos de todo el mundo cuya especialización es…-usted lo has adivinado- la tecnología de cadena de bloques.

Stellar

Si desea hablar sobre los retornos históricos, Stellar es el principal agente en 2017. Si los precios de Bitcoin aumentaron más del 500% en 2017, ¡Stellar's ha crecido hasta un 29,400% el año pasado! ¡Guauu!

Stellar es también un amante de la vida como Bitcoin Cash, siendo un hijo de Ripple. Nació en 2014 y fue concebido por el ex abogado y cofundador de Ripple, Jouce Kim y Jed McCaleb, respectivamente, luego de haber estado en desacuerdo con otros cofundadores y principales miembros de Ripple. Y al igual que su padre, Stellar es tan eficiente y rápido en la transferencia de fondos a diferentes países.

Capítulo 7 - Ventajas y Desventajas: Cripto-Inversión

Antes de decidir si invertir o no en criptomonedas, considere primero sus pros y sus contras. Esto es para minimizar los riesgos de un profundo arrepentimiento si las cosas no salen bien, independientemente de si decide subirse al carro de la criptomoneda o si decide pasarlo.

Ventajas

La volatilidad es una de las ventajas más evidentes de la inversión en criptomoneda. ¿Por qué la volatilidad es algo tan bueno? Considere este principio básico de inversión: cuanto mayor sea el riesgo (volatilidad), mayor será el rendimiento posible o esperado. No hay forma de evitarlo: si quiere ganar mucho de sus inversiones, tendrá que sentirse cómodo asumiendo mayores riesgos. Y los precios del mercado de la criptomoneda pueden proporcionarle suficiente volatilidad para hacerte rico en un corto período de tiempo o tal vez no.

Es por eso que muchos inversionistas experimentados o los comercializadores (compra y venta) tienen un dicho: la volatilidad es su amigo. La volatilidad ofrece la oportunidad de rendimientos muy atractivos. Sin volatilidad, debe conformarse con rendimientos mediocres o incluso muy bajos. Si no me cree, consulte las tasas de interés de los depósitos bancarios o las tasas de rendimiento anuales promedio de los títulos públicos, que se consideran inversiones muy poco riesgosas. No se sorprenda si encuentra tasas de retorno de menos del 1%, ¡y eso es anual!

Otra**Ventaja**de las criptomonedasde invertir o comercializar (comprar y vender) es la edad relativamente joven del mercado. Con la juventud viene un gran potencial para un gran crecimiento en el futuro. Y si también se tiene en cuenta el enorme aumento en la aceptación del mercado y la perspectiva de las criptomonedas como resultado del éxito y la popularidad masiva del Bitcoin, estará considerando la posibilidad de disfrutar de enormes ganancias comerciales (a corto plazo) y de apreciación del capital (a largo plazo). Si cree que su apetito por los riesgos financieros es relativamente alto, entonces la inversión en criptomonedas o su comercialización (Traiding) puede ser lo mejor para usted.

Otra razón para invertir en criptomonedas es la alta posibilidad de que se conviertan en una forma de pago alternativa ampliamente aceptada para bienes y servicios. Tal como está ahora, Ripple y Bitcoin están avanzando mucho en esa área de las finanzas principales. Es muy posible que a medida que Ripple y Bitcoin se integren completamente en el sistema financiero principal, cada vez más criptomonedas pueden seguir su ejemplo. Entonces, si no puede reducirlo en términos de ganancias, entonces al menos tiene una forma alternativa de pagar bienes y servicios en el futuro.

Finalmente, otra**ventaja** para invertir en

criptomonedas, una que no es necesariamente financiera, es el entusiasmo. ¡Lo que mucha gente no daría de nuevo para sentirse vivo con emoción y anticipación! Aparte de los beneficios potenciales, solo la sensación de estar emocionado por algo de nuevo puede hacer que valga la pena invertir en criptomonedas.

Posibles Desventajas

Oh sí, las criptomonedas no son perfectas. Tiene su propia cuota de desventajas potenciales, que pueden ser bastante importantes. Y la primera desventaja posible es también su principal **ventaja** en términos de la posibilidad de obtener enormes beneficios de la inversión: la volatilidad, casopuntual - otra vez: el Bitcoin.

Sí, los precios del Bitcoin aumentaron en más de un 400% en solo un par de semanas en diciembre de 2017. Pero si lo siguió en enero y febrero, sus precios se desplomaron en más del 40% ,desde su máximo histórico en diciembre de 2017. Para los débiles de corazón esta es una pesadilla potencialmente fatal. Pero para aquellos que aceptan el hecho de que la volatilidad es, de hecho, el amigo del inversor que busca rendimientos muy atractivos, no es una desventaja. Entonces, piense cuidadosamente sobre quién es usted: ¿el inversor con aversión al riesgo o el inversor con agallas? Hmmm

Pero incluso si eres reacio al riesgo, puedes hacer algo para mitigar o minimizar el posible impacto en tus finanzas. Si bien es posible que no tenga ningún control sobre su riesgo de precio, es decir, la posibilidad de perder dinero debido a movimientos de precios adversos, puede controlar el monto de su posible pérdida en caso de que el mercado baje. ¿Cómo?
Invierte solo una cantidad que te resulte cómodo perder. Esto significa que no debe retirar todas sus inversiones en otros activos menos riesgosos ni vender su casa por dinero de inversión semilla. Al limitar

sus inversiones a tal cantidad, podrá colocarse en una posición para obtener rendimientos atractivos de la criptomoneda (si el mercado oscila a su favor) o en caso de que se caiga, las pérdidas no lo afectarán sustancialmente. .

Y hablando de pérdidas, otra forma en que puede mitigar el posible impacto en sus finanzas, en caso de que los precios de sus criptomonedas bajen, es invertir dinero que sabe que no necesitará usar durante mucho tiempo. Si lo hace, puede darse el lujo de esperar a que se recuperen los precios de sus criptomonedas. Si invierte dinero que podría necesitar dentro de 3, 6 o 12 meses, es posible que tenga que vender sus criptomonedas con pérdidas, mientras que sus precios aún no se hayan recuperado. Ahora eso sería una verdadera pérdida. Mientras los mantenga en su podercuando los precios aún están bajos, solo son pérdidas "de papel" o "de mercado", es decir, pérdidas teóricas basadas en el valor de mercado actual.

La edad generalmente joven del género de criptomoneda, que es una de sus ventajas, también puede ser una desventaja potencial. ¿Por qué? Contribuye al riesgo relativamente alto de las criptomonedas en general, por lo que es un riesgo aún mayor. Y si no se siente cómodo asumiendo mayores riesgos financieros que los tradicionales, sin duda será una gran desventaja para usted. Pero esta desventaja potencial se puede mitigar o reducir de alguna manera para que no tenga que asumir riesgos financieros muy altos. ¿Cómo?

Se adhieren a las principales criptomonedas ya en circulación, que abordamos en el capítulo anterior. Especialmente para las criptomonedas de mayor capitalización y larga duración, como Bitcoin, Ethereum y Litecoin, sus riesgos de plegarse o caerse en el precio son muchos menores en comparación con las criptomonedas más pequeñas y capitalizadas en el mercado, relativamente más pequeños, cuyos creadores no son tan conocidos en la comunidad. Pero al hacerlo, puede reducir sustancialmente sus riesgos financieros, también pueden disminuir sus ganancias esperadas o potenciales. Pero, de nuevo, sus ganancias potenciales aún pueden ser mucho más altas que los activos financieros tradicionales existentes.

La última desventaja o contra posible cuando se invierte en criptomonedas es, en general, cambios en la posición de las autoridades reguladoras y políticas que pueden tener un gran impacto en sus inversiones en criptomoneda. ¿Qué quiero decir con esto? Tomemos el caso de los precios de Bitcoin y las autoridades reguladoras chinas. Cuando las autoridades monetarias chinas simplemente hablaron sobre cómo están abiertas a la posibilidad de prohibir todas las actividades de financiación colectiva cuyos objetivos son recaudar fondos para nuevas criptomonedas, los mercados reaccionaron. En particular, los precios promedio de mercado de los Bitcoins cayeron hasta un 20% en tan solo unas pocas horas de negociación poco después de esa declaración. Teniendo en cuenta la falta de una relación de trabajo sólida entre las criptomonedas y las autoridades monetarias en este momento, es muy posible que los desarrollos futuros en el entorno regulatorio de las principales economías como los de Estados Unidos, Reino Unido, China y Rusia puedan causar pánico en los inversores. , deshacerse de sus tenencias, y dar lugar a fuertes caídas de precios para las criptomonedas.

Capítulo 8 - Pautas de inversión para principiantes

Ok, esto es todo. Hemos cubierto los fundamentos básicos de las criptomonedas para que pueda tomar mejores decisiones de inversión si decide intentarlo. Y cuando se trata de una inversión exitosa, su tasa de éxito está directamente relacionada con cuánto sabe sobre el activo en el que planea invertir.

Pero tenga en cuenta que nunca encontrará una estrategia o táctica "segura" para invertir en activos financieros. Incluso los gurús de la inversión más venerados como Warren Buffet y George Soros no tienen registros perfectos. Sin embargo, tienen un historial muy bueno de victorias significativamente mayores que pérdidas, lo que los coloca entre los administradores de fondos más importantes de la historia mundial. Así que busca más victorias que pérdidas, eso es más realista. Y no se desanime si sus inversiones no producen los rendimientos deseados al principio del juego. Hay una curva de aprendizaje para todos los principiantes, después de todo.

Si realmente desea optimizar sus posibilidades de ganar dinero con éxito con las criptomonedas, es importante comenzar primero con una vista macro: el panorama general. A partir de ahí, comience a reducir su ruta y las opciones a las criptomonedas. Su capacidad para tomar decisiones acertadas de inversión en criptomoneda dependerá en gran medida de qué tan consciente esté del lugar que ocupa su inversión en criptomoneda en el gran esquema de las cosas en su vida.

Una vista macro

Antes de que incluso busque en qué criptomoneda invertiría o cambiaría, quiero que primero vea cómo encajarán sus inversiones en el gran esquema de su vida. Por ejemplo, ¿por qué quieres invertir en criptomonedas? ¿Cómo crees que puede mejorar tu vida? ¿Está buscando comenzar a invertir en activos que generarán una tasa de rendimiento anual mínima del 10% para poder jubilarse solo a la edad de 55 años? ¿O está buscando medios de inversión que le permitan ganar al menos un 15% anual en su capital, por lo que en 15 años, tendrá suficiente dinero para la educación universitaria de su hijo recién nacido?

Cuando sepa su "por qué", será mucho más fácil para usted tomar decisiones financieras, por ejemplo, ¿debería elegir Bitcoin o las criptomonedas más nuevas pero más riesgosas? Saber por qué automáticamente le da un límite o umbral para inversiones y pérdidas. No tendrá que hacer una tesis y miles de análisis de escenarios solo para determinar en qué criptomoneda invertir y cuánto invertir en ellos.

Los mejores objetivos y sueños de su vida son los mejores lugares y los mejores sueños y sueños de su vida. Cuando realmente piensas en ello, ganar un montón de dinero no suele ser el principio y el final de todas las cosas. Una tasa de rendimiento anual promedio de las inversiones del 20% no es el elemento real en su lista de valores, pero es una de sus herramientas más importantes para lograr esos elementos de la lista de valores. Cuanto mayor sea la importancia de su objetivo por el cual planea invertir dinero, más importante será optimizar sus rendimientos y al mismo tiempo mitigar los riesgos.

Aquí hay un claro ejemplo de lo que estoy hablando. Digamos que te quedan 10 años antes de la jubilación. Según las estimaciones de su asesor financiero, deberá tener al menos $ 500,000 en efectivo para poder invertir a una tasa promedio anual del 10% para todos sus gastos de vida (más un poco más) para los próximos 20 años de jubilación. ser reunidos. Teniendo en cuenta que solo tienes 10 años más para la jubilación, no tienes el lujo de gastarte todo en tus inversiones porque si pierdes una cantidad sustancial de eso, no tienes mucho tiempo para recuperar tus pérdidas.

En este caso, sería prudente invertir a lo sumo aproximadamente el 15% de su dinero invertible en este momento en activos relativamente riesgosos como acciones de crecimiento, derivado y criptomonedas. A partir de ahí, ya tiene una guía establecida sobre cuánto invertir en las criptomonedas y otros activos financieros. Y si es mucho más joven, digamos que le quedan 35 años más antes de la jubilación, entonces puede invertir un mayor porcentaje de sus fondos de inversión en activos de mayor riesgo, como criptomonedas, porque en el caso de su tanque de inversiones, tiene mucho tiempo para recuperar sus pérdidas y más.

Promedio de devoluciones

Sería un hipócrita decir que las tasas de

rendimiento esperadas de diferentes activos financieros no importan. ¡Por supuesto que sí! Sus posibilidades de lograr con éxito sus objetivos de inversión y lograr su lista de deseos son mucho más bajas si no le da mucho peso al retorno de la inversión estimado al elegir sus inversiones financieras. Pero basta con decir que no debería ir solo por aquellos que tienen las tasas de rendimiento promedio más altas, porque como hemos hablado anteriormente, cuanto más alto es el rendimiento esperado, mayor es el riesgo financiero. Y si el riesgo se materializa, es probable que pierda la mayor cantidad de dinero de los activos que tienen los rendimientos anuales más altos esperados o un rendimiento promedio anual.

Dicho esto, hay otra relación que deberá tener en cuenta antes de elegir en qué activos financieros invertir en función del rendimiento. La relación es la siguiente: dada una cantidad objetivo de dinero en el futuro, cuanto más bajo sea el rendimiento promedio esperado, mayor será la cantidad de dinero que tendrá que invertir ahora. ¿Cómo se ve en términos prácticos?

Digamos que desea tener $ 100,000 al final de los 12 meses y está eligiendo entre las inversiones A, B y C, que tienen una tasa de rendimiento anual promedio del 10%, 8% y 7%, respectivamente. Para tener $ 100,000 al final de los 12 meses, deberá invertir los siguientes montos en las inversiones A, B y C:
Inversión A = $ 100,000 ÷ (100% + 10%)
Inversión A = $ 100,000 ÷ 110%
Inversión A = $ 90,909.10

Inversión B = $ 100,000 ÷ (100% + 8%)
Inversión B = $ 100,000 ÷ 108%
Inversión B = $ 92,592.59

Inversión C = $ 100,000 ÷ (100% + 7%)
Inversión C = $ 100,000 ÷ 107%
Inversión C = $ 93,457.94

Echa un vistazo a las respuestas calculadas.

La inversión C que tiene la tasa de rendimiento anual promedio más baja, requirió de la mayor cantidad de dinero para obtener $ 100,000 al final de los 12 meses.

La tasa de retorno anual promedio más alta no debería ser la única base para elegir qué criptomoneda entre varias para elegir, debe refinarlo aún más y tener en cuenta la volatilidad de los precios de las criptomonedas según lo expresado en la desviación estándar de la medida estadística, que se expresa en términos numéricos según cuánto puede esperar razonablemente que los rendimientos reales varíen.

Por ejemplo, una desviación estándar del 3% significa que puede razonablemente (no perfectamente) esperar que los rendimientos de una criptomoneda en particular estén un 3% por encima o por debajo del promedio. Entonces, si la tasa de rendimiento anual promedio de Stellar es del 35% y su desviación estándar es del

10%, es razonable esperar que el rendimiento de esta criptomoneda para los próximos 12 meses sea entre el 25% (35% - 10%) y el 45% (35%). % + 10%). En este caso, la rentabilidad mínima esperada es del 25%. Esta debería ser la cifra para comparar con otras criptomonedas. Esta es una estimación más conservadora de la rentabilidad esperada, una especie de peor escenario, por así decirlo. Elija el que tenga la tasa de retorno mínima esperada más alta.

Para saber cómo usar Microsoft Excel para calcular la desviación estándar de retorno en su corta lista de criptomonedas si no se la proporcionan, puede ver este video de YouTube: https://www.youtube.com/watch?v=efdR mGqCYBk .(en inglés) o en:https://www.youtube.com/watch?v=JK _G7R6KJkY. (en español)

Efecto potencial de las pérdidas

Después de elegir la criptomoneda o las

monedas para invertir o negociar, es hora de decidir cuánto invertir. Una forma fácil de hacer esto es determinar cuánto dinero está dispuesto y puede permitirse perder en nombre de la inversión. Para algunas personas, $ 10,000 es una gota en un cubo de agua. Para otros, $ 10,000 ya es una piscina de dinero y se trata de los ahorros de su vida. No escuches lo que otros están diciendo. Teniendo en cuenta la naturaleza todavía muy arriesgada de las criptomonedas, comience a invertir una cantidad que esté cómodo perdiendo. Si su rendimiento supera tus expectativas, ¡hurra! De lo contrario, no se sentirá tan mal y las finanzas personales o familiares no se verán seriamente afectadas.

Otra cosa que podría valer la pena considerar cuando se trata de decidir cuánto invertir, aunque no es obligatorio, es si necesitará o no este dinero en los próximos 1, 2 o incluso más años. Verá, puede haber una posibilidad de que los precios de mercado de sus inversiones en criptomonedas puedan bajar por debajo de su precio de adquisición. Si aún no lo vende, sus "pérdidas" solo serán pérdidas de mercado o "papel", es decir, solo pérdidas teóricas. Pero si los vende mientras los precios están por debajo de sus precios de adquisición, sus pérdidas pasan de lo teórico a lo real.

Si necesita el dinero en unas pocas semanas o meses y el precio baja, puede verse obligado a vender sus criptomonedas con pérdidas. Pero si invierte una cantidad de dinero que cree firmemente que no tendrá que tocar durante varios años, puede darse el lujo de esperar hasta que sus precios suban nuevamente y evitar las pérdidas reales.

Capítulo 9 - Cómo invertir en criptomonedas

Una vez que haya determinado cuánto dinero debe invertir en criptomonedas y en qué criptos invierte, ¡es hora de tomar medidas prácticas para colocar su dinero donde están sus criptos!

Elija la Plataforma para el intercambio de criptomonedas

No todas las plataformas de intercambios de criptomonedas son iguales, a menos que esté invirtiendo solo en Bitcoins, que es la criptomoneda más universalmente organizada por casi todos los intercambiadores, a excepción de algunos. Pero si elige invertir en altcoins también, es decir, en criptomonedas distintas de Bitcoin, entonces necesitará conocer de las plataformas cuáles son sus criptomonedas elegidas alojadas o intercambiadas.

Si recuerda nuestra discusión en el

Capítulo 3, no solo le hace mucho más fácil buscar compradores y vendedores para sus criptomonedas elegidas, sino que también es una necesidad, ya que las criptomonedas son monedas digitales o en línea sin contrapartes ni versiones físicas. Uno de los mejores parámetros para elegir una plataforma de intercambio para las criptomonedas elegidas es el tamaño. Más específicamente, el volumen promedio diario de negociación, tanto en términos de $ como en unidades de criptomonedas, debe ser su mayor consideración. ¿Por qué?

Cuanto mayor sea el volumen de transacciones diarias, más líquidas pueden ser sus inversiones en criptomonedas, es decir, será mucho más fácil para usted realizar las transacciones. Si el volumen de operaciones es bajo, sus posibilidades de poder comprar o vender criptomonedas a su volumen y precio preferidos son mucho menores. ¡Así que ve con los chicos grandes!

Hablando de los grandes, GDAX, Kraken, Gemini y Bitfinex si decides invertir en Bitcoins y Ethereum. Una de las mayores ventajas de usar estas plataformas de intercambios es que puedes comprar criptomonedas en esas plataformasutilizando de su tarjeta de crédito personal o su cuenta bancaria. Estas plataformas de intercambio de criptomonedas cobran tarifas diferentes y tienen diferentes interfaces de usuario.

Si elige invertir en criptomonedas aparte de Bitcoin y Ether, Poloniex puede ser una muy buena opción porque alberga más de 80 criptomonedas. ¡Es como el Walmart de las Criptos! El único desafío con esta plataforma de intercambio es que solo puedes realizar transacciones usando altcoins (monedas alternativas). No se aceptan tarjetas de crédito, ni transferencias bancarias.

Una vez que haya elegido su plataforma de intercambio de criptomonedas, siga adelante y abra una cuenta con ellos. El proceso de verificación de la cuenta puede ser un poco engorroso, ¡pero está bien! Esto significa que estasplataformas están realizando grandes esfuerzos para garantizar que usted sea quien realmente es, lo que hace que su cuenta e identidad sean muy seguras. Entonces, aunque puede ser bastante engorroso, será para la seguridad de su cuenta.

Oh, otra razón por la que el proceso de verificación de su cuenta puede ser algo engorroso y tedioso es porque a diferencia de las inversiones en activos financieros tradicionales como acciones, bonos, cuentas bancarias, fondos mutuos, etc., las transacciones erróneas o fraudulentas pueden corregirse. Si recuerda de nuestra discusión en la cadena de bloques, la transacción validada y registrada ya no se puede editar ni cancelar. Como dicen en los juegos de ajedrez profesionales, "pieza tocada pieza jugada" Si estas plataformas de intercambios no hacen su trabajo de verificar realmente su identidad, existe el riesgo de transacciones fraudulentas o acreditadas erróneamente que pueden resultar en pérdidas para usted. Entonces, no debes sentirte tan mal, impaciente, o simplemente molesto por el tedio del proceso de verificación de su cuenta.

La validación de la cuenta requerirá que presente una tarjeta de identificación válida, como su pasaporte, licencia de conducir u otras identificaciones aceptables emitidas por el gobierno. En promedio, demora aproximadamente 3 días hábiles para verificar los documentos enviados y su cuenta. Y una vez hecho esto, ¡ya está listo! ¡Oh, espera, hay más!

La billetera

Debido a que las criptomonedas son de naturaleza digital, la seguridad en línea es una preocupación muy seria. En comparación con otros activos financieros que puede comprar y vender en línea, la seguridad en línea es mucho más importante con las criptomonedas. Por un lado, no hay versiones físicas, ¡la versión digital es todo lo que hay! Otra razón por la que es más importante es que la cadena de bloques no permite correcciones o cancelaciones de transacciones erróneas o fraudulentas.Una vez hecho y codificado enla cadena de bloques, no hay vuelta atrás. Y por último, la seguridad en línea es de suma importancia para las criptomonedas debido a su naturaleza descentralizada. Con esto quiero decir que no puede acudir a ninguna autoridad monetaria o reguladora para quejarse de errores o fraude y esperar ayuda y acción. ¡Estás sólo en esto! Es por eso que debe tratar la seguridad de sus criptomonedas con mucha seriedad. Y para esto, debe obtener la billetera de criptomoneda correcta primero.

Antes de profundizar más en la elección de la billetera, es mejor comprender mejor cómo funcionan los intercambios para poder apreciar realmente la importancia de tener la billetera de criptomoneda adecuada incluso antes de sumergirse en el mar de las criptomonedas. Ok, así es como funcionan.

Cuando compra criptomonedas utilizando las plataformas de intercambio, a la cantidad de su compra se le asigna un código digital, también conocido como clave pública. Y esta clave pública es única para su cantidad de compra específica para cada transacción. Cuando los mineros validen y codifiquen su transacción en la cadena de bloques, todos los usuarios de esa criptomoneda específica podrán ver sus claves públicas específicas de la transacción.

Ahora echemos un vistazo a las cosas desde la perspectiva de los intercambios de criptomonedas en los que ejecuta sus transacciones. Al final, le asignan una clave privada que corresponde a cada una de sus claves públicas. Su clave privada es el elemento vital de sus criptomonedas. Si lo pierdes o lo olvidas, se ha ido para siempre. Es por eso que si recuerda en nuestra discusión en el Capítulo 3, debe hacer una copia de seguridad escribiendo sus llaves privadas en 2 pedazos de papel y colocando esos pedazos de papel en 2 áreas diferentes de almacenamiento seguro, por ejemplo, cajas de seguridad o cajas fuertes a prueba de incendios.

De manera predeterminada, sus claves privadas se almacenan en la billetera de su cuenta en las plataformas de intercambios de criptomonedas en los que compra y vende sus criptos. Y aquí es donde puede ser bastante arriesgado. Debido a que las plataformas de intercambios están en línea 24/7, siempre está en riesgo de ser pirateada. Y si sus claves privadas son (hackeadas) o pirateadas, entonces es un adiós a sus criptomonedas.

Entonces, ¿qué debería hacer? Ah, pensé que nunca lo preguntarías. Esta es la parte en la que necesita tener una billetera de almacenamiento en frío, a.k.a., en una sin conexión. Una vez que haya comprado sus unidades de criptomoneda, debe transferir sus claves privadas a su billetera fuera de línea y mantenerlas allí hasta el momento en que tenga que venderlas a través de la plataforma de intercambio. Nunca deje que termine el día sin que vacíe sus billeteras en línea guardadas con las plataformas de intercambios de criptomonedas que utiliza y transfiera su contenido a su billetera de almacenamiento en frío.

Como vimos en el Capítulo 3, las carteras de almacenamiento en frío son carteras fuera de línea y las mejores para usar, si tiene presupuesto, son carteras de hardware, es decir, de tipo USB. Debido a que están fuera de línea, ¿cómo pueden ser hackeadas y robadas sus claves privadas? Recuerda, no hay claves privadas, no hay robo de tus criptomonedas.

Comprar criptomonedas

Después de obtener su almacenamiento en frío, la billetera de soporte físico, ¡ahora puede comenzar a correr y comprar sus primeras criptomonedas! Solo asegúrese de transferir sus unidades de su cuenta de la plataforma de intercambio a su billetera de soporte físico tan pronto como sea posible. Para hacer esto, simplemente copie y pegue o escriba la clave pública de su billetera en el espacio provisto para el sitio web de su plataforma de intercambio elegida y haga clic en "enviar". Para devolverlos de su billetera de soporte fisico(hardware) a la cuenta de su plataforma de intercambio para vender, copie y pegue o escriba la clave pública en el formulario de contrato de la billetera de hardware y confírmelo.

Usar carteras no es gratis. Tendrá que pagar un porcentaje específico, aunque muy pequeño, del porcentaje del valor de su transacción de criptomoneda como tarifa de transacción. Hay un par de razones para esto. Una es minimizar las incidencias de grandes volúmenes y transacciones maliciosas. La otra razón es dar a los mineros, ¿los recuerdas? - Más razón para priorizar la validación de sus transacciones. ¿De qué sirven tus transacciones si nadie quiere validarlas, eh?

Comercializar (trading) Versus Invertir

Muchas veces, el comercializar se enfrenta a la inversión como si fueran 2 luchadores diferentes enfrentados en un partido donde solo puede haber un ganador. Permítame aclarar esta confusión: el comercioo trading no es diferente de invertir. En realidad está bajo el paraguas general de la actividad llamada inversión. Entonces, ¿por qué las personas los contrastan o los diferencian?

Se debe a que la gente ha confundido la inversión como un objetivo puramente a largo plazo, es decir, una inversión a largo plazo o un enfoque de compra y mantenimiento o de compra y olvido, que es otro tipo de actividad de inversión. Entonces, cuando realmente lo piensas, lo que las personas contrastan o enfrentan es la inversión a corto plazo (negociación) y la inversión a largo plazo (comprar y mantener).

¿Cuál es mejor? ¡La verdad es que depende de tus metas! Es por eso que si recuerda al inicio del Capítulo 6, le pedí que mirara el panorama general preguntándose ¿por qué quiere invertir en criptomonedas? es decir¿qué espera lograr al obtener un ingreso específico o un retorno de invirtiendo en esta clase de activos? Y también dependería de otras 4 cosas: su marco de tiempo, su experiencia / habilidades de negociación, su apetito de riesgo y el mercado.

Si aún no tiene experiencia en el arte de invertir o negociar a corto plazo, puede ser una mala idea elegir esto. Por lo menos comience con una cantidad muy pequeña de dinero que puede considerar como "tasa de matrícula" para aprender los trucos del comercio a corto plazo. Si usted es un tomador de riesgos y solo tiene un corto período de tiempo para obtener un retorno específico de su inversión, entonces el traiding(comercializar) puede ser la mejor opción y si el mercado no es ni alcista ni bajista, es decir, si se mueve de lado, el comercio a corto plazo puede brindarle la oportunidad de obtener altas tasas de rendimiento al aprovechar los frecuentes aumentos y disminuciones en los precios de las criptomonedas.

Pero mi recomendación para usted si es un principiante es invertir primero a largo plazo, es decir, comprar sus criptomonedas, trasladarlas a su billetera de hardware y volver a ellas después de un año o dos. De esa manera le da a sus inversiones el tiempo suficiente para que obtenga buenos rendimientos y al mismo tiempo minimice su ansiedad y niveles de estrés sobre la necesidad de monitorear de cerca sus inversiones en criptomoneda diariamente. Solo después de aprender a usarlo, recomiendo incorporar algunas inversiones comerciales o de corto plazo en su estrategia general de criptomoneda.

Conclusión

Gracias por comprar este libro. Espero que haya aprendido mucho sobre qué son las criptomonedas, cómo funcionan y, lo que es más importante, cómo invertir y comerciar con ellas. Y más que solo aprender mucho de este libro, le pido que comience a aplicar lo que aprendió aquí tan pronto como sea posible para que no corra el riesgo de ni siquiera intentarlo. Verá, cuanto más tiempo posponga la aplicación de lo aprendido, mayor será el riesgo de no hacer nada, lo que aumenta el riesgo de no poder lograr lo que se propuso. Así que actúa de inmediato. No tienes que aplicar todo lo que aprendiste a la vez. Simplemente comience con una lección y gradualmente agregue otra hasta que se encuentre aplicando con éxito todo lo que aprendió aquí.

Gracias por llegar al final de Criptomoneda: La guía para Principiantes de Bitcoin, Cadena de bloque, Minería,Comercialización e Inversiónen Criptomonedas. Esperemos que haya sido informativo y que pueda proporcionarle todas las herramientas que necesita para entender las criptomonedas.

Y, si encuentra este libro útil de alguna manera, una REVISIÓN siempre es ¡APRECIADA!

Aquí está para su éxito en la inversión /comercialización en criptomoneda mi amigo. ¡Felicidades!

Parte 2

Introducción

Felicitaciones por descargar este libro y gracias por hacerlo.

Los siguientes capítulos analizarán todos los consejos que necesita para comenzar a invertir en criptomonedas. Si bien muchas personas se unen al mercadodecriptomonedaspara enviar y recibir pagos, también es posible unirse a estas redes para invertir y hacer dinero. En esta guía, veremos algunas de las formas en que puede invertiren monedas digitales y ganar dinero hoy.

Esta guía pasará un tiempo hablando de todas las cosas que puede hacer para invertir en monedas digitales. Discutiremos algunos de los aspectos básicos relacionados con las monedasdigitales, como la forma en que comenzaron y los beneficios de usarlas.Tambiéndiscutiremos lo que es Blockchain, como mantener sus monedas seguras de los piratas informáticos y algunos consejos excelentes para los principiantes sobre cómo invertir.A continuación, vamos a profundizar en cómo invertir en Bitcoin, Etereum y algunasde las otras monedas digitales que están disponibles.

Muchas personas se unen a una red como Bitcoin para realizar compras y mantener segura su identidad. Pero cuando usted está listo para unirse a una de estas redes como una opción de inversión para hacer un montón de dinero, entonces debe asegurarse de leer esta guía para ayudarle a empezar.

Hay muchos libros sobre este tema en el mercado, gracias de nuevo por elegir este. Se hicieron todos los esfuerzos posibles para garantizar que contenga la mayor cantidad de información útil posible. ¡Por favor, disfruta!

Capítulo 1: Los comienzos de la criptomoneda

Las criptomonedas están comenzando a apoderarse del mundo. Lo que comenzó como una idea básica que nadie pensó que despegaría ahora es una de las cosas más grandes del mundo. Algunas personas se unen al mercado para usarlo como un método de pago que es seguro. Otros se unen solo para verificarlo. Y a otros les gusta la idea de poder invertir en estas monedas digitales y ganar mucho dinero en el proceso.

Actualmente hay más de 1000 criptomonedas disponibles en el mercado, pero en su mayor parte, las personas se están concentrando en las cuatro primeras. Estas cuatro primeras incluyen Bitcoin, Ethereum, Ripple y Litecoin. La primera moneda digital disponible en el mercado fue Bitcoin. Bitcoin fue lanzada en 2009, junto con la tecnología Blockchain que ayuda a ejecutarla y la mantiene segura. Desde entonces, el mundo de las monedas digitales ha crecido tanto, con personas de todo el mundo usándolas e invirtiendo en ellas.

Pero con todaesta publicidad en torno a estas monedas digitales, se estará preguntando ¿para qué se utilizan estas monedas?

Las criptomonedas se usan como una forma de moneda, similar a como se usa el USD y el Euro. Estas monedas se usan digitalmente y no se pueden imprimir y llevara una tiendalocal. Sin embargo, pueden usarse para realizar compras en varios minoristas y sitios web, siempre que estos acepten la criptomoneda que desee utilizar. El mercado de monedas digitales está creciendo y ahora hay más formas que nurca de usar sus monedas.Por ejemplo, es posible utilizar criptomonedas para donar a una organización benéfica, comprar un automóvi de Tesla, comprar y vender obras de arte, comprar entradaspara juegos, reservar habitaciones de hotel e incluso crear fondos para financiamiento de proyectos (crowdfund).

Si bien hay muchas maneras en que puede gastar sus monedas, también hay muchas personas que deciden ingresar a estos mercados como inversionistas. Hay muchas razones para desear invertir en estas criptomonedas. Una de las razones es que, dado que ya hanexistido por un tiempo, la volatilidad de las criptomonedas comienza a calmarse. Esto las hace un poco más seguras para invertir.

Dado que estas monedas digitales son tan nuevas, hay mucho espacio para que crezcan.También pueden servir para protegerse contra un colapso económico o la inflación e incluso representan una mejor opción para recurrir que usar oro. Y a medida que más personas en todo el mundo se vuelven hacia lo digital, es más probable que nunca que las monedas digitales continúen creciendo y se conviertan en la norma a medida que el tiempo y la tecnología evolucionan.

Por supuesto, hay algunas cosas que tendrá que tener en cuenta cuando se trata de usar monedas digitales. Por ejemplo, si bien tiene una buena oportunidad de obtener una ganancia decente con monedas digitales, también es fácil perder mucho dinero. El mercadode divisas digitales sigue siendo muy volátil, y sin mucha historia detrás de estas monedas, a veces es difícil saber cuándo ocurrirá una desaceleración. Si usted es alguien que no maneja mucho riesgo en sus operaciones, entonces esas divisas no son las correctas para usted.

Otro problema que tienen algunas personas con las monedas digitales es que no necesariamente tienen un valor inherente, lo que las hace casi inútiles. Pero luego, lo mismo podría decirse sobre la moneda fiduciaria. Si bien la moneda fiduciaria solía estar respaldada por oro, ya no cuenta con este respaldo y podría considerarse tan inútil como las monedas digitales.

Y, por último, debe tener en cuenta la piratería cuando trabaje con estas monedas. Todo el sistema está en línea, y no puede imprimir el dinero y llevarlo con usted. Tampoco hay ninguna regulación gubernamental sobre la moneda, por lo que nadie está allí para respaldar su dinero si alguien lo toma o si hay una gran desaceleración en el mercado.Este es un gran riesgo que algunas personas no están dispuestas a tomar, pero no parece ser un gran problema en este momento.

Si bien hay muchas desventajas que vienen con las monedas digitales, y la mayoría de ellas se están calculando a medida que estas monedas crecen y duran más tiempo, hay un montón de ventajas al usar estas monedas. Hay muchas fluctuaciones en las monedasdigitales, y en su mayor parte, esta fluctuación está subiendo. Por ejemplo, es posible que usted compre una moneda por $ 30, fácilmente podría llegar a $ 60 o más con solo unos días y podrá mantener las ganancias. Mientras mire el mercado y elija una buena moneda digital con la que trabajar, verá que sus ganancias aumentan en grandes cantidades.

La razón principal por la que a tanta gente le gusta estas monedas es porque le permitenpermaneceranónimo en línea. Con todos los problemas de robo de identidad y más en línea, es un alivio saber que aún puede hacer compras y enviar y recibir dinero sin que la gente descubra quién es usted. Con la ayuda de una dirección privada ylatecnologíablockchain,puede unirse a la red sin preocuparse de que otros descubran quién es usted.

¿En qué se diferencian las monedas digitales de las monedas fiduciarias?

Una pregunta que puede hacer es en qué se diferencian las monedas digitales y las monedas fiduciarias. Si ha oído hablar de Bitcoin, o incluso lo usó en el pasado, puede sentir queestas monedas son similares y que realmente no hay diferencias visibles.Sinembargo,hay algunas diferencias que debe tener en cuenta antes de unirse a esta inversión.

En primer lugar, cuando se trata de monedas digitales, no podrá imprimir copias impresasde las monedas y transportarlas con usted. Todas sus transacciones deben realizarse en línea, o a través de una aplicación en su teléfono inteligente. Comprará las monedas en línea, hará compras y enviará dinero en línea, y todo debe hacerse en línea.Lo único que podrá imprimir con monedas digitales es la clave privada, y esto solo se hace si desea almacenar la información de su moneda en el almacenamiento en frío.

Esto puede parecer un poco extraño si recién está empezando con monedas digitales.Pero para aquellos que principalmente planean usar la moneda en línea, puede parecer compras regulares en línea.Es necesario pasar y realizar el cambio de su moneda fiduciaria a la moneda digital antes de realizar las compras, pero de lo contrario, son similares.

La mayor diferencia entre la moneda fiduciaria y la moneda digital radica en quién controla cada una. Cuando se trata de su moneda fiduciaria, será controlada por una agencia gubernamental o por una gran institución financiera.Podrán determinar cuánto dinero se imprime y cuánto vale. En el caso de los Estados Unidos, la moneda ya no se basa en el patrón oro, por lo que el gobierno tiene control total sobre cómo funciona el dinero.

Sin embargo, cuando se trata de trabajar con servicios digitales, no existe ningún tipo de agencia que ejecute la moneda. En cambio, se basarán en una ecuación matemática compleja.Hay una cierta cantidad de monedas que se han diseñado con la moneda, y eso es todo lo que está disponible. Entre la ecuación matemática y la blockchain, la monedapuede ejecutarse por sí misma y nadie puede controlarla ni interferir con ella.Este es un gran beneficio para muchas personas que eligen usar estas monedas digitales, pero es algo nuevo a lo que mucha gente se está acostumbrando.

Las diferencias entre la moneda fiduciaria y la moneda digital son algunas de las principales razones por las que tantas personas se están moviendo en línea. Les gusta la idea de no tener una gran agencia gubernamental que controle su dinero y les gusta poder seguir en línea de forma anónima cuando realicen sus compras. Puede ser algo completamentenuevo y las personas no están acostumbradas a cómo funcionan, pero las monedas digitales llegaron para quedarse.

Comprar una moneda digital

Le alegrará saber que comprar estas monedas digitales no es difícil. Pero, necesitas tener una buena idea de lo que estás buscando. Si desea utilizar una de las monedas digitales más populares, entonces el mejor sitio de intercambio para trabajar con ella es Coinbase. Coinbasepermitirá a los inversores intercambiarLitecoin,Ethereumy Bitcoin. Es probable que nuevas monedas digitales se agreguen a este sitio en el futuro.

Registrarse en Coinbase es bastante fácil. Deberá dirigirse a la website coinbase.com y luego proporcionar un poco de información. El sitio también le pedirá que use su teléfonopara verificar la cuenta. Una vez que haya ingresado toda la información, podrá acceder a su panel y ver mucha información que lo ayudará a realizar sus intercambios.Puede ver cuánto valen las diferentes monedas, así como gráficos sobre cómo se han estadocomportando en varios intervalos durante el año pasado.

Cuando esté listo para entrar en el mercado, debe configurar algún tipo de método de pago para que esto suceda. Puede elegir entre usar PayPal, su tarjeta de crédito o débito o su cuenta bancaria. Cada uno de estos tiene sus propios pros y contras y a menudo depende de lo que es más fácil para usted.

Si desea tener inicialmente una mayor cantidad de dinero, entonces debe trabajar con su cuenta bancaria. La opción de cuenta bancaria le permite intercambiar más dinero que las otras dos opciones. Sin embargo, tienes que lidiar con un tiempo de transacción más lento. Al usar su cuenta bancaria, a menudo tomará de tres a cinco días para transferir el dinero. Si desea realizar una inversión en este momento, entonces la cuenta bancaria lo ralentizará y puede que no sea la mejor opción para usted.

El uso de su tarjeta de crédito o cuenta de PayPal puede ser mucho más rápido. Estas transacciones a menudo se realizarán en unos minutos, lo que le facilitará ingresar al mercado si se produce un cambio repentino. Si está haciendo algo así como la negociacióndiaria, por ejemplo, entonces trabajar con una de estas dos opciones es lo mejor para usted. Es posible que no pueda invertir tanto dinero al mismo tiempo con estos, pero le permiten ingresar al mercado rápidamente.

Una vez que tenga su método de pago elegido en su lugar, podrá elegir cuánto dinero le gustaría cambiar, y el sitio se ocupará del resto. Coinbase colocará el dinero en una billetera que proporcione, pero puede elegir mover las monedas a su billetera cuando haya terminado.

Ahora, hay otros sitios de intercambio que puede elegir y muchos de ellos también serán agradables. Es importante que tenga cuidado e investigue sobre un sitio de intercambio antes de comenzar. Con tanta gente interesada en las monedas digitales, no debería sorprenderque haya muchos estafadores también. Si no investigas, es posible que realicesun intercambio falso. Y si haces esto, verás que aceptan tu pago sin siquiera darte las monedas.

Una buena forma de ver si un sitio de intercambio es legítimo es verificar el nombre de dominio. Si no ve el "HTTPS" delante del sitio web, no es una buena idea intercambiar monedas a través de él. HTTPS significa que el sitio web es seguro y está encriptado, por lo tanto, si no estápresente, es probable que el sitio web sea una estafa.

Las criptomonedas están cambiando la forma en que se ve el dinero en nuestro mundo moderno. En lugar de estar limitadas por el condado en el que vivimos, ahora podemos interactuar e intercambiar dinero, hacer una compra y hacer mucho más, sin importar dónde nos encontremos en todo el mundo. A medida que más personas comiencen a aprendersobre las monedas digitales y las usen para sus propias necesidades, es probableque veamos cambios aún mayores en nuestro futuro.

Los beneficios de la criptomoneda

Cuando se trata de monedas digitales, hay una tonelada de beneficios que seguramente disfrutará.Estas monedas son fáciles de usar, no tienen ningún regulador gubernamentalque las controle y cualquiera puede unirse sabiendo que su privacidad es segura, por nombrar algunas. Algunas de las razones por las cuales muchas personasprefierenlas monedas digitales y se están uniendo incluyen:

- Fácil de usar: las monedas digitales son sorprendentemente fáciles de usar. No necesita proporcionar mucha información por adelantado, puede usar la red siempre que lo desee y puede vivir en cualquier parte del mundo. Es fácil ver por qué tantas personas se están enamorando de las monedas digitales.
- Seguro y protegido: el uso de estas monedas digitales es seguro. Gracias a la tecnología blockchain, podrá enviar y recibir dinero en línea sin que nadie pueda ver lo que está tramando.
- Transacciones rápidas: cuando realiza una transacción a través de su banco,puede tomar bastante tiempo. Tienes que esperar a que tu banco procesela transacción y luego el banco al que estás destinando el dinerotienequehacer lo mismo. Esto puede provocar que las transacciones tomen de tres a cincodías en la mayoría de los casos. En un mundo donde estamos acostumbradosa que las cosas

sucedan de inmediato, esto puede ser realmente frustrante.Con la ayuda de la tecnologíablockchain, la mayoría delasmonedasdigitalespueden completar transacciones en cuestión de minutos, en lugar de días.

- Mantenga su privacidad: cuando decide usar una moneda digital, hay muchas formas de mantener su identidad en secreto.Algunas veces deberá proporcionarun poco de información para usar el sitio de intercambio (esto varía según el país donde viva), pero puede elegir una dirección única que no tenga conexión con su propio nombre. En un mundo donde parece que los hackers pueden robar toda su información personal en cualquier momento que se conecte, es bueno saber que aún puede completar transacciones y mantener las cosas en privado al mismo tiempo.

- Sin regulación gubernamental: las monedas digitales no tienen ningún gobierno que las controle. En cambio, confían en una ecuación matemática para ayudarlas a funcionar correctamente y para mantener todo justo. Para muchas personas, este es un cambio agradable. Están cansados de que sugobiernopueda controlar y manipular su dinero y les gusta trabajar en línea donde nadie puede encontrarlos.

- Cualquiera puede unirse: siempre que tenga conexión a Internet y dinero para intercambiar, podrá unirse a cualquiera de lasredes de moneda digital que desee. No hay regulaciones sobre dónde vives ni nada más. En comparación con intentar abrir incluso una simple cuenta de cheques en un banco, este puede ser un cambio agradable.

- Tarifas de transacción bajas: si alguna vez ha intentado hacer una compra o enviar dinero a alguien en otro país, sabe cuán caras pueden ser las tarifas de transacción. Esto no es algo de lo que deba preocuparse cuando se trata de monedasdigitales. Gracias a la tecnología blockchain, puede enviar y recibircorreos electrónicos en cualquier parte del mundo, sin tener que pagar grandes tarifas.

Existen muchos beneficios excelentes que podrá recibir cuando trabaje con monedas digitales. Ya sea que sea nuevo en el mercado, esté interesado en invertir, o que haya existido durante algún tiempo, seguramente disfrutará de todos estos excelentes beneficios cuando ingrese a monedas digitales.

Capítulo 2: Tecnología Blockchain: qué hace funcionar la criptomoneda

Un problema que algunas personas tienen con el uso de Bitcoin y algunas de las otras monedas digitales es que les preocupa cuán seguro y transparente es el sistema. No hay una gran agencia gubernamental u otra entidad que esté a cargo de controlar las redes en línea. Esto es parte del atractivo para muchas personas, pero también plantea la cuestión de cómo se supone que los usuarios deben confiar en la red antes de decidirse a usarla. Si todo está en línea, ¿quién puede decir que las transacciones se mantendrán privadas, que alguien no puede venir y meterse con las cosas, o que tan seguro de usar es realmente?

Esta es la razón por la que la tecnología blockchain se lanzó al mismo tiempo queBitcoiny esta misma tecnología se encuentra en muchas de las monedas digitales que se utilizan. El blockchain es una gran herramienta que no solo ayuda a realizar un seguimientode lastransacciones que se llevan a cabo con las monedas digitales, sino que también ayuda a proporcionar la transparencia y la seguridad que los usuarios están buscando.

El blockchain es básicamente un libro de contabilidad en línea que puede retener cualquier información de valor. Cuando se trata demonedas digitales, se va a aferrar a la información sobre todas las transacciones que ocurren en la red. Cualquiera que se una a la red podrá observar el blockchain y ver las transacciones que ocurren en la red. Cualquiera podrá ver si hay algo que parece estar apagado en la red y puede evitar que las personas manipulen los números o hagan otra cosa que no está permitida.

Además, la tecnología blockchain ayuda a mantener las cosas seguras y protegidas. Una vez que haya terminado de completar una cadena con todas las transacciones que realizaen la red, su cadena recibirá un código único, gracias a los mineros y luego se unirá a la blockchain permanente de la red. Siempre puede mirar hacia atrás a través de sus propias transacciones, pero el código que los mineros le dan a su cadena particular mantendrá su información a salvo de los demás.

Entonces, ¿cómo se obtiene una de estas cadenas? Tan pronto como se registre para obtener una nueva moneda, se le enviará una de estas cadenas. Luego, lentamente trabajará en llenarlo con todas las transacciones que complete en la red. Algunas personas pueden llenarlo rápidamente si realizan muchas transacciones en la red, y otras tardan algo si no están tan activas.

Una vez que se completa la cadena, se enviará a la blockchain permanenteatravés de la red, y se le enviará una nueva cadena para trabajar. Puede continuar con este proceso todo el tiempo que esté en la red y no se requiere trabajo adicional para usted.

Cada vez que quiera echar un vistazo atrás a sus transacciones o cada vez que lo desee.Piense en cada una de las cadenas como sus estados de cuenta bancarios mensuales, y cuando se conectan entre sí, son su registro bancario completo. Puede echarles un vistazo para verificar algunas de sus transacciones cada vez que tenga una pregunta sobre lo que está sucediendo en la red.

La tecnología blockchain ayuda a mantener la red segura y protegida. Sin este tipo de tecnología en su lugar, es poco probable que estas monedas digitales tengan tanto éxito como lo tienen actualmente.

¿Qué hacen los mineros?

Cuando se trata de la tecnología blockchain, los mineros son muy importantes. Estos mineros están a cargo de mantener todo el sistema a salvo y de garantizar que un hacker no pueda entrar y robar información o perder el tiempo con las transacciones que están en la blockchain. A cambio, los mineros obtendrán un beneficio; el monto de ese beneficiodependerá de qué moneda se esté utilizando y el valor actual de esa moneda.

Una vez que haya terminado de llenar una de sus cadenas para la blockchain, la enviará a un minero. Es el trabajo del minero agregar un código único a esa cadena, ocultando efectivamente toda la información que está adentro. No se modificará la información sobre sus transacciones ypodrá seguir y examinar esa información en cualquier momentoque desee, pero a los demás, la información le será modificará.

Existen algunas reglas establecidas para ayudar a garantizar que los códigos sean seguros y que nadie pueda meterse con ellos más adelante.Esto también hace que a los mineros les resulte un poco más difícil hacer su trabajo, asegurando efectivamente que no todos pasen, hagan el trabajo dentro de unos días y tomen todas las monedas disponibles.

La primera regla es que el código debe ser un conjunto único de letras y números. Esta secuencia no puede ser igual a lo que se ha usado en otras partes de lablockchain.Además,todos los personajes deben estar conectados de modo que si cambia una parte del código, también cambiará todas las otras partes. Esto hace que sea más fácil detectar si alguien ingresó al libro mayor e intentó realizar cambios sin autorización. Solo toma el cambio de un carácter para arruinar toda la blockchain. También hay algunas regulacionessobre cuántos ceros deben estar presentes al comienzo de cada código antes de que el sistema lo acepte.

Como puede ver, crear uno de estos códigos puede ser un desafío, y lleva tiempo. Deberá tener computadoras especializadas y especificaciones en esa computadora para mantenerseal día con el trabajo que tiene entre manos. Además, debe competir contraotrosmineros que intentan hacer lo mismo que usted para ganar la recompensa.Podrías trabajar fácilmente en varios códigos y nunca obtener ganancias debido a toda lacompetencia.

El trabajo de los mineros ayudará a beneficiar a la red monetaria. Ayudará a liberar lentamente más monedas en el mercado, ayudándola a mantenerse al día con la demandasin problemas de inflación. Además, existe el beneficio de brindar seguridad y privacidada todos los usuarios de la red. Dado que no existe una agencia gubernamentalu otra entidad que controle la red de moneda digital, los mineros son básicamente los responsables de esto.

La buena noticia es que los mineros también serán recompensados. Cada moneda proporcionará una recompensa a un minero que pueda completar con éxito uno de los códigos. El monto que ganarás varía según la moneda digital con la que trabajes, pero puede ser una buena ganancia si puedes hacerlo con éxito. En el caso de Bitcoin, por ejemplo, puede ganar 25 monedas cada vez que complete uno de estos códigos.

Otras formas en las que se pueden utilizar las Blockchain

Si bien la aplicación principal para blockchain en este momento es para Bitcoin y otras monedas digitales, hay muchas otras maneras en quese puede utilizar la tecnologíablockchain.Muchas empresas y compañías están empezando a darse cuenta del valor de esta tecnología y han comenzado a crear sus propias aplicaciones para servir mejor a los clientes de formas que antes no eran posibles.

Por ejemplo, en Europa, varios bancos importantes se han unido para crear unablockchain.Estos pueden ser bancos rivales en diferentes países, pero reconocer cómo usar una blockchain combinada puede ayudarlos a servir mejor a sus clientes.En lugar de hacer que sus clientes paguen tarifas más altas y esperar varios días para enviar dinero de ida y vuelta, que pueden trabajar con el blockchainque estos bancos ofrecen para obtener las transacciones realizadas por un costo más bajo y en pocos minutos.Esto puede ayudar a facilitar el comercio entre países y ha ayudado a reunir bastantes clientes para estos bancos.

El mundo financiero no es el único que podría beneficiarse de latecnologíablockchain.Muchas otras industrias ya están buscando desarrollar su propiatecnologíablockchain.Las compañías de seguros pueden usarlo para acelerar los reclamos, los países pueden usarlo para votar, e incluso los hoteles y los servicios de encomiendas podrían usarlo comouna forma de hacer reservas sin tantos problemas.Las posibilidadesdeblockchainson casi infinitas, por lo que es la elección perfecta para llevarnos al mundo moderno.

La tecnología blockchain puede haber sido lanzada al mismo tiempo que Bitcoin, pero es una tecnología por sí misma. Muchas otras industrias pueden desarrollar este tipo de tecnología para ayudar a que sus negocios sean más efectivos. Mientras la empresa necesiteagregar elementos de valor a un libro mayor, el libro mayordeblockchainpuedehacer que esto suceda.

Capítulo 3: Mantener sus monedas seguras

Una cosa que debe tener en cuenta cuando comience a invertir en monedas digitales es cómo mantener las monedas lo más seguras posible.Se puede ganar bastante dinero con estas monedas, y debido a esto, hay muchos piratas informáticos interesados en quitarte las monedas.Debido a que no hay nadie cerca para monitorear sus cuentas o establecer regulaciones para protegerlo como lo puede obtener de un banco, puede tener problemassi no protege su información y guarda sus monedas en un lugar seguro.

Afortunadamente, hay algunos pasos que puede seguir para mantener sus monedas alejadas de los hackers y de la forma más segura posible.Asegurarse de elegir la billetera adecuada para guardar las monedas y aprender cómo mantener unida a su información personal puede marcar la diferencia en lo que respecta a la protección de sus monedas.Echemos un vistazo a algunas de las diferentes formas en que puede proteger sus monedas,para que el dinero permanezca con usted y no con un hacker.

Elija una buena billetera

Una de las mejores cosas que puede hacer para mantener sus monedas seguras es elegir una billetera segura y protegida. Ya que está trabajando con monedas digitales, no podrá obtener las monedas y llevarlas consigo. Estas monedas siempre se mantendrán en formato digital y deberán almacenarse en una billetera, ya sea en línea, en su computadorao en un lugar de almacenamiento en frío, hasta que esté listo para usarlas.

La primera opción que puede elegir es una billetera en línea. Si utiliza un sitio de intercambio para obtener sus monedas, sus monedas se depositarán en una billetera en línea a través de ese sitio.Muchos principiantes dejarán sus monedas en esta billetera en línea porque son más fáciles de acceder cuando quieres usar las monedas. Sin embargo, la billetera en línea es más probable que sea pirateada. Hasta ahora, estas carteras en línea han demostrado ser relativamente seguras. Muchos hackers intentan acceder a las bases de datos de estos monederos en línea. Si tienen éxito, tendrían acceso a todas las monedas de todos los usuarios de esa billetera.

Si planea usar las monedas que tiene de inmediato yno almacenarlas en la billetera por mucho tiempo, entonces usar una billetera en línea está bien. Para aquellos que buscan mantener sus monedas durante un tiempo mientras invierten, es mucho más seguro optar por uno de los otros tipos de billetera.

Para aquellos que buscan invertir en estas monedas digitales, lo mejor es ir con una billetera que sea un poco más segura. La primera opción es una billetera de hardware.Esta billetera le permite sacar las monedas fuera de línea y almacenarlas en su computadora.Hay algunos programas para ayudarlo con esto y simplemente descarga la carpeta de billetera en su computadora. Luego, cuando esté listo para mover las monedas, puede hacerlo fácilmente.

Este método puede ser mucho mejor cuando planea invertir. El pirata informático tendrá que acceder a su computadora antes de que puedan tomar las monedas. Es una buena idea actualizar su antivirus y otras protecciones en su computadora antes de hacer esto para asegurarse de que nadie pueda obtener su información.Este método tomará algunos pasos adicionales para usar las monedas, pero como inversor, no usará las monedas con tanta frecuencia.

Si planea realizar una inversión a largo plazo, entonces no necesita considerar el almacenamientoen frío. El almacenamiento en frío saca las monedas de la computadora por completo.Simplemente imprimirá la clave privada que controla sus monedas y luego la almacenará en un lugar seguro. No deje esta clave a la intemperie o alguien podría conseguirla y tomar sus monedas. Muchos consideran ponerla en una caja de seguridad para mantenerlaa salvo.

Con este método, va a tomar un poco más de trabajo cuando quiera usar las monedas.Deberá volver a ingresar la información en lacomputadora antes de poder usar las monedas.Y deberá actualizar la clave privada que imprime cada vez que agrega o retira monedas de su cuenta. Pero cuando se trata de seguridad, esta es una de las mejores opciones con las que puede trabajar.

Si realmente desea mantener segura su información, puede considerar trabajar con varias billeteras.De esta forma, si alguien toma sus monedas o se equivoca con su cuenta, tiene algunas copias de seguridad que lo ayudarán a probarse a sí mismo y recuperar todas las monedas. Siempre recuerde que cuando cambie sus monedas, ya sea agregándolas o sacándolas, debe actualizar todas sus billeteras. No te hará mucho bien si tienes la información incorrecta u obsoleta en una de tus billeteras.

Escoger una buena billetera es crítico para la seguridad de sus monedas. Hay demasiados piratas informáticos que no querrían nada más que apoderarse de sus monedas y usarlas como propias. Debe ser proactivo para asegurarse de tener siempre el control de sus propias monedas y de que nadie más tomará su dinero.

Aprenda cómo mantenerse anónimo

Una de las mejores cosas que puede hacer para proteger sus monedas es asegurarse de que su información personal permanezca oculta. Si bien la tecnología blockchain es segura, aún es posible que cualquiera vea las transacciones que suceden en este libro. Si un hacker ve muchas transacciones que tienen su nombre y apellido, es mucho más fácil para ellos rastrear esa información directamente a su billetera.

Cuando se registra para un acuerdo con una de estas redes monetarias, puede seleccionarla dirección que desea usar. Lo mejor es que se te ocurra algo único. Algunos sitios incluso le proporcionarán una dirección única de letras y números al azar si tiene problemas para preparar uno por su cuenta. Cuanto más aleatoria sea la dirección, más fácil será para usted mantener su información segura y protegida.

Si planea hacer muchas transacciones en la red, puede ser conveniente considerar cambiar la dirección de forma regular. Los creadores de Bitcoin en realidad sugirieron que los usuarios cambien su dirección después de cada transacción que completan para mantener su privacidad.La mayoría de la gente no quiere cambiar su dirección tan a menudo, pero hacerlo de vez en cuando puede dificultar que los hackers rastreen las cosas.

Es tan importante que aprenda a mantener sus monedas lo más seguras posible. A muchos piratas informáticos les encantaría entrar y llevarse sus monedas, y no hay mucho que pueda hacer si esto sucede. Tomar las precauciones adecuadas, como las de arriba, puede ayudarte a mantener tus monedas contigo todo el tiempo.

Capítulo 4: Invertir en Bitcoin

Cuando busca invertir en una moneda digital, es probable que la primera que considere sea Bitcoin. Bitcoin ha visto un gran aumento en el valor durante el último año. A pesar de tener una breve recesión a fines de 2017, está en constante aumento y sigue siendounade las mejores monedas digitales para trabajar. Muchas personas de todo el mundo han oído hablar de Bitcoin y lo están usando actualmente, y hay muchas opciones a la hora de invertir en esta divisa.

Podrá elegir entre una variedad de métodos de inversión cuando se trata de Bitcoin. Algunas personas optan por invertir en la tecnología de blockchain, otras optarán por una estrategia a largo plazo como la estrategia de comprar y mantener, e incluso las operaciones en el mercado de valores y las transacciones diarias pueden ser relativamente exitosas al usar esta moneda digital. Veamos algunos de los diferentes métodos que puede utilizar para comenzar a invertir en Bitcoin.

Invierte en una empresa de Bitcoin

Hay varias compañías de Bitcoin disponibles en el mercado bursátil, similares a las que se encuentran con algunas de las otras grandes empresas en todo el mundo. Esto significaque incluso si no quiere comprar las monedas directamente, aún puede invertir en la red de Bitcoin y ver algunos resultados.

Para esto, debe tratar la inversión de manera similar a como lo haría con cualquier otro negocio en la bolsa de valores. Debería investigar un poco sobre los diversos cuadros y figuras que están disponibles en Bitcoin, realizar un análisis fundamental y proponer una buena estrategia que lo ayudará a comenzar. Si bien Bitcoin está yendo muy bien en este momento y parece una gran inversión, siempre es importante recordar que hay algunos riesgos involucrados, así que tome las medidas adecuadas para mantener su dinero a salvo.

Invierta en el blockchain

Algunas personas ingresan a Bitcoin porque están realmente interesadas en latecnologíablockchain que ayuda a ejecutar Bitcoin.Ellos ven muchos potenciales que vienencon esta tecnología, y quieren entrar en la planta baja y ganar algo de dinero en el proceso.Hay algunas maneras diferentes de invertir en el blockchain, dependiendo de la cantidad de dinero y el conocimiento técnico que tenga.

Si tiene un poco de experiencia técnica, puede considerar desarrollar su propiablockchainpara usar, o incluso una aplicación que se pueda usar con una blockchain de Bitcoin actual.Hay muchos usuarios de Bitcoin en este momento y la posibilidad de crear uno de estos para los usuarios definitivamente puede traer algo de dinero.

Para aquellos que no tienen ningún conocimiento técnico, pueden optar por invertir en un desarrollador o empresa que esté creando una nueva tecnología blockchain. Esto se ve más comúnmente en Ethereum, ya que esa plataforma ofrece unblockchaingratuitoparacomenzar, pero también hay algunas oportunidades para usar.

Empieza tu propio negocio

Muchas personas elegirán aceptar Bitcoin como forma de pago. Esto ayuda a abrir el mercado en el que pueden trabajar porque hay muchas personas que quieren pagar con Bitcoin, pero no muchas empresas que aceptarán este pago. Si ya es dueño de un negocioo está pensando en comenzar un nuevo negocio, entonces considere aceptar Bitcoin para pagar sus productos oservicios.

Aceptar Bitcoin es bastante fácil. Simplemente necesita registrarse para obtener su propia dirección de Bitcoin única y una billetera. Luego, agregue un enlace a su sitio web que permita al cliente elegir Bitcoin como método de pago cuando haya llegado a esto. Si el cliente hace clic en ese enlace, deberá enviarles su dirección de Bitcoin. El cliente puede enviarle el pago, y luego usted envía el producto o servicio. Es así de simple.

Use la estrategia de comprar y mantener

La estrategia de comprar y mantener es una de las estrategias de inversión más comunes en las que los nuevos inversores trabajarán. Es simple, y mientras mire el mercado y se asegure de que no ocurran grandes baches, podrá ganar mucho dinero sin mucho trabajo.

La idea detrás de la estrategia de comprar y mantener es que comprará la cantidad de monedas que prefiera y luego las almacenará en una billetera segura. Luego, fuera de observar el mercado para ver si hay algún indicador de reversión, simplemente dejará sus monedas en el mercado. Dado que Bitcoin está aumentando constantemente en valor,debería ver que sus monedas valen más en unos pocos meses, simplemente dejándolas en el mercado.

Por ejemplo, en febrero de 2017, el valor de Bitcoin alcanzó aproximadamente $ 2500.Luego, para diciembre de 2017, el valor de Bitcoin se había disparado a más de $ 18,000 por moneda.Si se hubiera aferrado a sus monedas durante unos meses y luego lashubieraintercambiado en este momento, podría haber obtenido más de $ 15,000 en ganancias por cada moneda que poseía.

Esto requiere muy poco trabajo en comparación con algunos de los otros métodos de negociación.Debería mirar el mercado y leer las noticias para descubrir si el mercado baja.A su manera, puede salir y proteger su inversión antes de que el valor baje demasiadoy pierda dinero.

Día de cambio

Otra opción que puede utilizar para invertir en Bitcoin es el día de negociación. Mientras que el mercado principal de Bitcoin ve un aumento constante en el valor de las monedas,si miras los gráficos cada día, verás que el valor tiene muchos altibajos. Estos muestran cómo las personas entran y salen del mercado día a día. Como operador de día, debe usar estos pequeños altibajos para su ventaja publicitaria.

Para ser realmente un operador de día, debe hacer una compra de monedas en algún momento durante el día y luego las venderá, con suerte para obtener ganancias, durante el mismo día. Esto lleva mucho tiempo investigando y mirando el mercado, y a menudo solo ganarás un poco de dinero en cada transacción. Pero con el tiempo, estas pequeñas ganancias pueden sumar mucho dinero para el comerciante exitoso.

Con la negociación diaria, debe conocer cuál es el promedio del mercado para las monedas.cuando pueda resolver esto, verá el mercado para averiguar cuándo las monedasestán por debajo del promedio del mercado y realizar una compra. Esto le permite obtener las monedas con un buen descuento. Luego, una vez que las monedas vuelvan al valor de mercado o superen ese valor de mercado, puede vender las monedas y obtener ganancias. La cantidad no será una tonelada, pero si haces esto muchas veces a lo largo de la semana, puedes sumar.

Este es un excelente método para ganar dinero en el mercado de divisas digital, pero necesita tener el tiempo y la dedicación para mantenerse al día. Además, al calcular los costos de esta inversión, recuerde que cada vez que intercambie su moneda, su sitio de intercambio le cobrará una pequeña tarifa. Por lo general, esto no es una gran cantidad, pero cuando se intercambia regularmente, puede sumarse.

Capítulo 5: Invertir en Ethereum

Mientras que Bitcoin todavía se ve como una de las monedas digitales más grandes en el mercado en este momento, Ethereum es un nombre que está comenzando a crecer bastantebien también. Ethereum es un poco diferente que Bitcoin, pero ha ganado su propio lugar especial en el mercado de divisas digital, y puede ser altamente rentable. Mientras que Bitcoin se concentra en ser un método de pago, similar a lo que encontraríacon PayPal o una tarjeta de crédito, Ethereum es más una plataforma que ayuda a promover el crecimiento de la tecnología blockchain.

Las monedas que se usan en Ethereum, conocidas como Ether, no se usan como método de pago regular. No encontrará muchas tiendas en línea que acepten estas monedas y no se utilizan realmente para ayudar con las compras. En cambio, el Ether se usa para ayudara los desarrolladores de soporte que están trabajando en nuevas aplicaciones de la tecnología blockchain. Un inversor puede comprar algunos de estos Ether, enviarlos como un pago a un desarrollador, y esto ayuda al desarrollador a hacer más trabajo.

Retrocedamos un poco y veamos más de cerca cómo funciona Ethereum. LaplataformaEthereum se trata de apoyar el crecimiento de la tecnología blockchain. Como comentamosanteriormente en esta guía, Blockchain no solo es fundamental para ayudara que estas monedas digitales crezcan. La tecnología blockchain se puede utilizar en muchas otras industrias, incluyendo banca, seguros, contratos y mucho más. Hay tantas industrias que pueden beneficiarse de este tipo de tecnología y muchas están dispuestas a pagar para que otros desarrollen estas nuevas plataformas para ellos.

El mayor problema con el desarrollo posterior de blockchain es que es realmentecomplicado de crear. El blockchain es realmente complicado, lo cual es parte del atractivo de cómo funciona, y lleva un tiempo comenzar desde el principio. Con solo unos pocos desarrolladores disponibles que tuvieron el tiempo y el conocimiento para crear una de estas plataformas desde el principio, no es de extrañar que la difusión de esta tecnología haya sido tan lenta.

Con la ayuda de Ethereum, las cosas ya han cambiado, y es probable que veamos aún más cambios en el futuro. Ethereum proporciona una blockchain de código abierto que cualquiera puede usar. Esto significa que puede ir a la red de Ethereum y usar lablockchainque está disponible allí. Puede hacer cambios, agregar, quitar cosas y mucho más para crear su propio programa con esta tecnología.

Hay tanto que los desarrolladores pueden hacer con esta blockchain de código abierto. Algunos trabajarán para una compañía y crearán una plataforma que la compañía pueda usar para llevar a cabo negocios. Algunos desarrolladores pueden tener una idea de una nueva plataforma que podría beneficiar a unas pocas empresas diferentes, y deciden crearla y luego venderla cuando estén listas. Y algunos simplemente pueden tener una nueva aplicación o una adición a una plataforma existente que desean diseñar y luego vender a los usuarios de la plataforma original. Como no es necesario que comiencen desde el principio, pueden hacer el trabajo con bastante rapidez, ahorrando tiempo y dinero.

Hay muchas posibilidades cuando se trata de usar esta blockchain de código abierto, y muchos desarrolladores se están subiendo a bordo para ver qué pueden crear.Y ciertamentehay muchas compañías diferentes que están dispuestas a pagar por su propia blockchain para facilitar el trabajo con los clientes.

Entonces, ¿cómo puede beneficiarse como inversor de esta plataforma? El mercado para blockchain está caliente en este momento, pero algunos desarrolladores necesitan un inversor para proporcionarles dinero mientras trabajan en un proyecto. Puede echar un vistazo a algunas de las diferentes opciones de blockchain que están disponibles en la plataforma y luego elegir en la que más le gustaría invertir.

Una vez que tome su decisión, puede proporcionarles a los desarrolladores algo de Ether (las dos partes podrán ponerse de acuerdo sobre el precio que funcione mejor para ellos). Una vez que la plataforma o la aplicación Blockchain esté lista, el desarrollador le devolverá la inversión, junto con los intereses u otros términos acordados, y usted obtendrá ganancias del trabajo que realizó.

¿Cómo se asegura de que le paguen cuando invierte a través de Ethereum? Como se trata de una moneda digital, no habrá un tercero para aplicar algo en la red. Sin embargo, completará un contrato inteligente con la otra parte, y esto los mantendrá unidos al acuerdo.

Un contrato inteligente es básicamente un contrato autoejecutable. Usted y la otra parte podrán usar estos contratos para establecer el acuerdo con el que desea trabajar. Cuando ambas partes hayan suspendido su parte del trato, los términos se ejecutarán. Entonces, si el desarrollador acordó pagarle cierta cantidad cuando la plataforma finaliza,o en otra fecha acordada, el contrato se aseguraría de que esto ocurra.

Esta es una de las principales formas en que las personas optan por invertir en latecnologíablockchain. Aquellos que están desarrollando la plataforma podrán obtener el dinero que se necesita para terminar su trabajo, y usted puede obtener un beneficio cuandoterminen y vendan la plataforma. También puede optar por desarrollar una plataforma a través de la red Ethereum, puede ayudar a vender algunas de estas plataformas y mucho más.

Ethereum puede ser una moneda digital más nueva que Bitcoin y algunas de las otras, y funciona de manera diferente a lo que encontrará con otras monedas digitales. Pero es una gran forma de ayudar a expandir la tecnología de blockchain y es una gran oportunidadde inversión para aquellos que quieren ingresar al mercado pero sienten que otras monedas no son adecuadas para ellos.

Capítulo 6: Invertir en otras monedas digitales

Mientras que Bitcoin y Ethereum se consideran algunas de las monedas digitales más grandes en las que puede invertir ahora, hay muchas otras opciones que puede elegir. Elegir una de estas otras monedas digitales puede marcar una gran diferencia en cuántopuede ganar. Por ejemplo, Bitcoin ha existido por un tiempo y tiene un valor realmente alto en este momento. Pero ir con otra opción, como una de las opciones a continuación, puede facilitar la entrada al mercado porque el valor actual es mucho menor.

Cada moneda va a ser un poco diferente. Algunas son monedas como Bitcoin y se puedeninvertir de la misma manera. Otras son plataformas o pueden ayudar a facilitar el comercio dentro de las otras monedas digitales. Aprender cómo invertir en cada una deestas monedas facilitará determinar si la divisa es la inversión correcta para usted.Echemos un vistazo a algunas de las principales monedas digitales en las que puede invertir y cómo comenzar a utilizarlas.

Bitcoin Cash

En los últimos años, ha habido una serie de quejas sobre Bitcoin. El Bitcoin original fue desarrollado con solo 21 millones de monedas disponibles. Estas monedas se agregarían lentamente al mercado a medida que los mineros completaran sus códigos para mantenerlas cadenas de la blockchain seguras. Muchas personas se preocupan de que esta cantidad de monedas no sea suficiente, especialmente cuando se considera cuántas personas en todo el mundo están empezando a usar estas monedas digitales. También hay algunos problemas con la velocidad de Bitcoin.

Bitcoin Cash está destinado a ser una alternativa a Bitcoin y está destinado a ayudar a resolver algunos de los problemas de los que hablamos anteriormente. Es fácil comenzar con Bitcoin Cash. Puede comenzar de inmediato con Bitcoin Cash. O bien, si ya tieneBitcoin,puede sacar estos en efectivo de Bitcoin y comenzar a usarlos si así lo desea.

Desde aquí, a menudo puede elegir trabajar con los mismos tipos de inversión queutilizócon Bitcoin. En este momento no hay tantas empresas que acepten Bitcoin Cash como lo hacen con Bitcoin y está quitando algo de competencia de otras monedas digitales.Sin embargo, está comenzando a crecer, especialmente porque es mucho más rápido que usar Bitcoin con los mismos beneficios, y verá que el valor crecerá en muy poco tiempo.

Invertir en Litecoin

También puede optar por invertir en Litecoin. De hecho, esta es una de las opciones disponiblesatravés del popular sitio de intercambio conocidocomoCoinbase.Litecoines una moneda peer to peer que le permitirá enviar pagos instantáneos y de bajo costoa cualquier persona que desee en todo el mundo. Está completamente descentralizada y se abre de origen, lo que la hace similar a Bitcoin de esta manera. Es una de las principales monedas digitales, siguiendo a Ethereum y Bitcoin, y a menudo vinculada con Ripple.

Entonces, ¿En qué se diferencia Litecoin de Bitcoin y algunas de las otrasmonedasdigitales?Primero, Litecoin t rabajará con un algoritmo de software para extraer unidades.Esto puede ayudar a evitar que las personas creen computadoras de clientes para extraer la moneda. Además, los tiempos de transacción con Litecoin son uno de los más rápidos de todas las monedas. En este momento, Litecoin puede realizar transaccionesen menos de tres minutos, mientras que Bitcoin demora unos diez minutos.

Además, Litecoin es una de las tres monedas más baratas, lo que la convierte en una buena opción para los inversores. A partir de junio de 2017, necesitaría gastar más de $ 3000 para comenzar con Bitcoin y Ethereum tenía más de $ 300. Sin embargo,Litecoincotizaba a $ 40, por lo que era mucho más fácil comenzar.

Litecoin es una moneda como Bitcoin, por lo que podrá usar muchas de las mismas opciones de inversión para que esta funcione. Puede cambiar su moneda fiduciaria aLitecoin a través de Coinbase y luego usar el día de la negociación, invertir en unaempresao incluso la estrategia de bono y retención para ganar dinero. Con el menor costo de entrada y la creciente popularidad de Litecoin, esta es una buena opción para entrar antes de que el valor suba.

Invertir en Dash

Algunas personas eligen trabajar con una moneda conocida como Dash. Esta es unacriptomoneda que se ha propuesto como misión resolver algunos de los problemas que han surgido con Bitcoin. Se lo conoce como una criptomoneda de fuente abierta que se separó de Litecoin en 2014. Esta moneda está trabajando principalmente para resolverel problema de la velocidad que se presenta en Bitcoin. Con Bitcoin , puede llevarminutosresolver una transacción, algo que no va a funcionar en un mundo donde lascosas deben hacerse al instante.

El mayor problema es que comprar Dash no va a ser lo más fácil, lo que puede reducir la velocidad con la que se populariza. Para comprar las monedas, primero deberá ir aCoinbasey comprar un poco de Bitcoin. Luego puede usar su Bitcoin para ir a Bitsane y comprar el Dash que desea usar. Hasta que se resuelva el problema, puede ser peligroso para Dash despegar. Existen rumores de que Coinbase puede estar agregando Dash a su red, pero eso aún no ha sucedido.

Una vez que tenga sus monedas Dash, podrá invertir en ella como lo hace con otras monedas.La estrategia de comprar y mantener puede ser lo mejor para esta porque le permite cierta flexibilidad para guardar sus monedas mientras espera que más personas escuchen sobre ella. Con Bitcoin disminuyendo la velocidad todo el tiempo porque cada vez más personas ingresan a la red, y el hecho de que Popular Coinbase puede agregar Dash a su tablero, es probable que el valor de Dash siga creciendo en el futuro cercano. .

Invertir en Dogecoin

Dogecoin es una moneda digital que es similar a Bitcoin. Se introdujo en diciembre de 2013. Esta moneda ha tenido éxito a través de mercados bajistas y alcistas y, a menudo, se considera una moneda de vuelco. Lo que esto significa es que puedes darle propina a alguien con Dogecoin en lugar de usar upvotes y likes en las redes sociales.

En este momento, Dogecoin no vale mucho, pero esto puede hacer que sea una buena inversión porque el precio será muy bajo para unirse. Cómo funciona este mercado es que cuando se encuentra en un determinado sitio web o en una página de redes sociales, puede recomendar a la otra persona el duro trabajo que realiza. No les proporcionará mucho dinero, sino como una propina, y si mucha gente da propina al mismo tiempo, el propietario podría ganar algo de dinero.

Dado que Dogecoin se conoce como una moneda de broma en este momento, es un poco difícil hacerlo crecer, y todavía no es enorme en comparación con algunos de los otros. Sin embargo, el año pasado, Dogecoin experimentó un gran aumento y se prevé que seguirácreciendo. Como puede obtener muchas monedas por menos de un dólar, esta podría ser una buena inversión para comenzar. Si Dogecoin continúa en el mismo caminodurante los próximos años, puede gastar unos pocos dólares para comenzar y luego obtener grandes ganancias en el futuro.

Otra opción que puede elegir es iniciar su propio sitio web o sitio de redes sociales y proporcionar material entretenido a sus lectores. A continuación, puede agregar un botón que permita a las personas pagarle en Dogecoin si desean dar propina o utilizar su página. Puede que no sea mucho, pero si la página se vuelve popular y funciona bien, puede ganar algo de dinero con estas monedas. Mantenga las monedas en su billetera por un tiempo, y puede ganar más a medida que la moneda aumenta de valor.

Invertir en Ripple

Otra moneda digital popular con la que puede trabajar se conoce como Ripple. Ripple se conoce como una red de liquidación que se utiliza para transferir cualquier divisa a alguien, sin importar dónde se encuentren en el mundo. En lugar de tener que usar sistemas como Western Union o SWIFT y esperar días para llevar el dinero al lugar correcto (y lidiar con altas tarifas en el proceso), puede realizar la transacción en unos segundos.

En este momento, Ripple centra su atención en trabajar con los bancos. Esto funciona bien porque Ripple ofrece una forma rentable y eficiente para que los clientes envíen pagos en todo el mundo.

Piense en lo caro que puede ser enviar dinero en todo el mundo. Cada paso que debe dar para enviar el dinero va a aumentar las tarifas, lo que lo hace realmente costoso. Pero conla ayuda de Ripple, puede enviar este dinero a otra persona (siempre y cuando ambostengan una billetera Ripple), y las tarifas se mantendrán bajas.

Los usuarios también pueden enviar dinero entre ellos. Simplemente cambiaría su moneda fiduciaria por Ripple y luego la enviaría a otra persona que tenga una billetera Ripple. El otro usuario podrá volver a cambiarlo a la moneda fiduciaria que quiera usar. No importa dónde envíe el dinero, solo le costará unos centavos por cada transacción,lo que lo hará más efectivo que otros métodos. Tampoco tendrá que preocuparse por qué moneda usa cada persona porque Ripple puede manejarlas todas.

Con todos los diferentes intercambios que tienen lugar en todo el mundo, tiene sentido que la inversión en Ripple crezca en poco tiempo. La gente de todo el mundo quiere comerciar y enviarse dinero entre ellos. Y dado que Ripple puede manejar cualquier tipo de moneda que envíe a través de ella, existen menos restricciones sobre quién puede usarla.puede usar su moneda fiduciaria o incluso otras monedas digitales y enviarlas a personas de todo el mundo.

Hay muchos tipos diferentes de monedas digitales en las que puede elegir invertir. Algunas le proporcionarán un buen retorno de la inversión, y otras no pasarán unas semanas en el mercado. Hay mucha competencia con estas monedas digitales, y necesita poder elegir cuáles son las que se quedan y funcionan mejor. Escoger una buena puede ayudarte a ganar mucho dinero en el proceso cuando comience a aumentar en valor. Sin embargo, elegir una moneda mala puede hacer que pierdas toda tu inversión en unas pocassemanas. Aprender cómo administrar sus monedas y cómo seleccionar las correctaspuede marcar una gran diferencia en lo bien que lo hará en el mercado de divisas digital.

Capítulo 7: Consejos y trucos para ayudar a que la inversión en criptomonedas sea más fácil

Trabajar en monedas digitales puede ser una excelente forma de obtener ganancias.estas monedas están creciendo alocadamente, y puede estar seguro de obtener ganancias siempre y cuando ingrese al mercado en el momento adecuado, y sepa cómo leer el mercado. Sin embargo, invertir en monedas digitales aún puede conllevar algunos riesgos. Aprender a reducir sus riesgos tanto como sea posible puede hacer que sea mucho más fácil para usted obtener ganancias, sin tener que preocuparse tanto por las posibles pérdidas. Echemos un vistazo a algunas de las formas en que puede reducir sus riesgos y obtener un gran ingreso con las monedas digitales.

Pedir ayuda

Como principiante, no hay manera de que pueda saber todo sobre la inversión en monedasdigitales. Algunas cosas pueden confundirte y es posible que tengas algunas preguntas en el camino. Pedir ayuda a alguien que sabe lo que está haciendo, en lugar de tratar de resolverlo por su cuenta, puede ser la mejor manera para que aprenda a invertiradecuadamente.

Hay varias personas con las que puede trabajar cuando se trata de pedir ayuda. Es probable que haya incurrido en inversiones de criptomonedas porque alguien que conoce habla de lo mucho que ha hecho. Si esto es cierto, puede ser una buena idea pedirles consejo cuando estés atascado. Algunos principiantes incluso consideran contratar a un agente para ayudarlos a realizar sus operaciones y para pedir consejo a medida que avanzan en el mercado.

Elija una estrategia

Escoger una buena estrategia para trabajar marcará la diferencia cuando se trata de operar en monedas digitales. Hay muchas estrategias que puede usar, y la que trabaja con frecuencia dependerá de la criptomoneda elegida por usted, así como de si desea invertir a corto o largo plazo. Todas las estrategias tienen el potencial de hacerle ganar dinero siempre y cuando las use adecuadamente.

El mayor problema con muchas estrategias es que el inversionista o no sabe cómo usarlas o el inversionista cambia entre algunas estrategias durante el mismo intercambio.La mayoría de las estrategias no se pueden usar al mismo tiempo, o mezclarse, durante el mismo trato y aún así producir resultados. Está bien cambiar las estrategias de una operación a otra. Pero cuando estás dentro de una operación, necesitas terminar la misma operación con la que comenzaste. Esto puede ser difícil a veces, pero si cambia de estrategia en el intercambio de una operación, hay una gran probabilidad de que termine fallando.

Mantenga las emociones alejadas de la inversión

Mantener sus emociones fuera de su inversión es tan importante si realmente quiere ganar dinero. Las emociones se interponen en el camino y hacen que sea casi imposible tomar decisiones acertadas sobre cualquiera de sus inversiones. Si no tiene cuidado, se mantendrá en el mercado por demasiado tiempo y perderá más dinero o perderá todas las ganancias que ha ganado hasta ahora.

Tener un plan comercial sólido es tan importante para ayudarte a evitar las emociones.Este plan de negociación tiene como objetivo delinear todos los pasos que debe seguir paraver una ganancia con una moneda elegida. En él, debe indicar cuándo planea ingresar al mercado, cuándo planea salir del mercado, la estrategia que le gustaría utilizar y cuánto se siente cómodo con perder antes de salir del mercado.

Incluso la persona más sensata del mundo puede volverse emocional cuando comienza a ver cómo se va su dinero en monedas digitales. Es más probable que permanezcan en el mercado demasiado tiempo si ven que están en una posición perdedora. Es posible que esperen que el mercado se recupere y, si se mantienen un poco más, pueden recuperar el dinero. O pueden ser codiciosos, y cuando vean que están obteniendo ganancias, se mantendrán en el mercado y esperarán seguirobteniendo más ganancias cuanto más tiempo permanezcan.

Esto rara vez funciona. Cuando comience a perder dinero en el mercado, es probable que la tendencia continúe. Y si permanece en el mercado por mucho tiempo, incluso sus ganancias pueden comenzar a desvanecerse. Es mucho mejor crear un buen plan comercialque describa todo lo que necesita hacer. Quédese con esto, y verá ganancias más constantes a lo largo del tiempo y menos pérdidas.

Comprenda la moneda con la que está trabajando

Esta guía pasó algún tiempo hablando de las diversas monedas digitales con las que puede trabajar.Sin embargo, hay mucho más que no tuvimos la oportunidad de discutir. Hay más de 1000 monedas digitales, y todas funcionarán de diferentes maneras. Algunastrabajarán en un nuevo método de pago como Bitcoin, mientras que otras serán más una plataforma para el blockchain como Ethereum. Y aún así, otras trabajan de manera completamente diferente.

Dado que todas estas monedas funcionan de diferentes maneras, es importante que entienda completamente la forma en que funciona su moneda antes de unirse. Saltar a una moneda digital simplemente porque tiene mucho bombo puede ser desastroso para su inversión. Necesitas saber algo sobre la actualidad y cómo funciona. Cuanto más sepa acerca de su moneda, más fácil le resultará comprender cómo la moneda le genera dineroy, a continuación, puede determinar los mejores momentos para entrar y salir del mercado.

Diversifica tu cartera

Muchos inversores que optan por entrar en el mercado de
las criptomonedas elegirán una moneda con la que trabajar y luego nunca mirarán nada más. Esta estrategia puede estar bien si tiene poco capital para empezar. Pero cuando se trata de hacer crecer suinversióny aún reducir su riesgo, es mejor si puede diversificar su cartera tanto como sea posible.

La diversificación de su cartera significa que invertirá su dinero en al menos dos tipos de inversión diferentes. Cuantas más inversiones pueda hacer de una vez, menos riesgos correrá.Es posible que una de sus monedas digitales reciba un gran golpe. Si todo su dinero está en esa única moneda digital, podrá enfrentar grandes pérdidas. Pero si distribuyesu capital entre tres o más monedas digitales, puede dividir el riesgo y no perderá tanto.

Al principio, cuando su capital es bajo, está bien invertir en solo una o dos monedas digitales. Sin embargo, a medida que empiece a obtener más ganancias, es mejor si decide participar en más opciones para reducir sus riesgos. Además, puede considerar invertir en otras opciones de inversión, como el mercado de valores, bienes raíces u otra cosa, para ayudarlo a expandir aún más su cartera. Cuantos más lugares pueda invertir su dinero, menos riesgo tendrá.

Tener una estrategia de salida

No importa qué estrategia elija, debe asegurarse de tener una estrategia de salida desde el principio. Esto puede ayudarte a mantener tus emociones fuera del juego desde el principio y te hará más fácil seguir tu plan en lugar de perder dinero. Y debes asegurarte de que una vez que establezcas la estrategia de salida, te mantengas firme sin importar qué suceda.

En primer lugar, debe asegurarse de configurar una estrategia de salida para protegersede posibles pérdidas. Piense en cuánto está dispuesto a perder en el mercado si las cosas terminan mal y no funcionan bien para usted. Aquí es donde necesita establecer su primer punto de detención. Si el mercado baja y comienza a perder valor, saldrás del mercado pase lo que pase. Puede perder un poco de dinero, pero es mucho menos de lo que perderá si se queda en el mercado por más tiempo.

Sin este tipo de estrategia de salida, es demasiado fácil considerar quedarse en el mercado. Puede ver que su dinero está empezando a desvanecerse, y querrá permanecer en el mercado con la esperanza de que el mercado se recupere. Puedes desesperarte y esperar que las cosas mejoren, pero esto rara vez sucede. Es mucho mejor reducir sus pérdidas y salir del mercado en el momento adecuado. Siempre podrá volver almercadomás tarde, pero si permaneces en el mercado demasiado tiempo y pierdes todo tu dinero,es casi imposible ingresar más tarde.

También debería considerar establecer una estrategia de salida para la cantidad de ganancias que gane. Esto puede parecer algo muy difícil de hacer, pero puede ayudarlo a salir del mercado y mantener sus ganancias, en lugar de quedarse en el mercado y quedaratrapado en una recesión que le quite todas las ganancias. Decida con anticipación con cuánto beneficio está satisfecho. Una vez que el mercado llega allí, debe salir y disfrutar de las ganancias. Si el mercado continúa subiendo, siempre puede volver más tarde.

Una vez que haya establecido estos puntos de salida, debe quedarse con ellos. No importa cómo se comporta el mercado o cuánto espera que el mercado siga subiendo, o que se revertirá. Debe quedarse con estos puntos de salida para reducir sus riesgos tanto como sea posible.

Trabajar en monedas digitales es un mercado emocionante en este momento. Hay muchas personas que hicieron su fortuna uniéndose al mercado de divisas digital correcto en el momento adecuado. Los consejos anteriores le ayudarán como principiantea ingresar al mercado y a ver los resultados en un instante mientras reduce sus riesgos al mismo tiempo.

Conclusión

Gracias por llegar hasta el final de este libro, esperemos que haya sido informativo y capaz de proporcionarle todas las herramientas que necesita para alcanzar sus objetivos sean cuales sean.

El siguiente paso es decidir en qué criptomonedas desea invertir. Hablamos sobre algunos de los nombres más importantes en las criptomonedas. Puede optar por trabajar con estas opciones o utilizar algunos de los consejos y trucos que discutimos para invertir en alguna de sus monedas digitales que están en el mercado. Estas monedas tienen muchos potenciales y seguirán creciendo en el futuro, y tiene sentido poner su dinero allí y verlo crecer.

Cada moneda digital es diferente, lo que le proporcionará muchas opciones para invertir su dinero. Y en este momento, ninguna otra oportunidad de inversión le proporcionará un buen retorno de la inversión   como Bitcoin, Ethereum y algunas de las otras monedas digitales.

¡Finalmente, si encontraste que este libro es útil de alguna manera, siempre se agradece una reseña en Amazon!